LE
DROIT INTERNATIONAL PRIVÉ

DANS

LA LÉGISLATION ITALIENNE

TITRE SECOND

PAR

Pietro ESPERSON
Professeur à l'Université de Pavie.

Traduction de M. Ch. ANTOINE
Juge d'instruction à Péronne.

PARIS

A. PARENT, IMPRIMEUR DE LA FACULTÉ DE MÉDECINE

A. DAVY successeur,

RUE MONSIEUR-LE-PRINCE, 29-31

1882

LE

DROIT INTERNATIONAL PRIVÉ

DANS LA

LÉGISLATION ITALIENNE

LE
DROIT INTERNATIONAL PRIVÉ

DANS LA

LÉGISLATION ITALIENNE

PAR

Pietro ESPERSON

Professeur à l'Université de Pavie.

(Traduction de M. Ch. Antoine, juge d'instruction à Péronne.)

Extrait du *Journal du Droit international privé et de la Jurisprudence comparée.*

PARIS

MARCHAL, BILLARD ET CIE

LIBRAIRES DE LA COUR DE CASSATION, 27, PLACE DAUPHINE.

1882

LE DROIT INTERNATIONAL PRIVÉ

DANS LA LÉGISLATION ITALIENNE

TITRE SECOND

PRINCIPES CONSACRÉS PAR LE LÉGISLATEUR ITALIEN POUR RÉSOU-
DRE LES CONFLITS DE LÉGISLATION RELATIFS AUX BIENS OU A
L'EXERCICE DU DROIT DE PROPRIÉTÉ.

SOMMAIRE : 1. D'après la doctrine *statutaire*, les biens meubles sont
régis par la loi personnelle du propriétaire, les biens immobiliers sont
soumis à la *lex rei sitæ*.

2. Réfutation de cette doctrine.

3. Théorie adoptée par le législateur italien. Exposition de l'article 7
des dispositions préliminaires du Code civil.

4. Les biens meubles sont soumis à la loi qui règle l'état et la capacité des personnes. Autres systèmes relatifs à la loi régissant les biens
meubles.

5. Fiction sur laquelle repose le principe consacré par le législateur
italien.

6. Application de ce principe.

7. Bien que le législateur italien ait déclaré les biens immeubles soumis
à la loi de leur situation, néanmoins il n'a pas voulu rendre hommage à
la doctrine statutaire, telle qu'elle était généralement comprise.

8. Le principe que les rapports de famille sont régis par la loi nationale s'applique aussi bien aux rapports personnels qu'aux rapports *patrimoniaux*.

9. C'est ce qui résulte de la discussion qui eut lieu au sein de la
Commission de coordination.

10. Loi régulatrice de l'usufruit du père sur les biens du fils.

11. Loi applicable à l'aliénabilité ou à l'inaliénabilité des biens dotaux.

12. Loi régissant l'hypothèque de la femme ou du mineur sur les
biens du mari ou du tuteur.

13-18. Cas dans lesquels s'applique le principe de l'empire de la
lex rei sitæ sur les biens immobiliers.

19. Dérogation importante à ce principe résultant de l'article 8 des
dispositions préliminaires du Code civil italien.

20. Controverse écartée par cet article en ce qui touche les conflits
relatifs aux successions qui comprennent des biens situés sur les territoires d'États différents.

21. Doctrine consacrée sur ce point par le législateur italien.

E.   1

22. La loi nationale du *de cujus* régit : en premier lieu, l'ordre dans lequel la succession est déférée;

23. En second lieu, la mesure des droits successoraux;

24. En troisième lieu, la validité intrinsèque des dispositions testamentaires.

25. Il appartient dès lors à cette loi de décider les questions relatives à l'efficacité des substitutions.

26. Exception relative aux substitutions fidéicommissaires.

27. Relativement aux objets dont parlent les paragraphes 22, 23, 24, la loi applicable est celle de la nation à laquelle appartenait le *de cujus* au moment de sa mort.

28. Règles applicables aux matières étrangères à ces objets.

29. Quelle loi est applicable lorsque la capacité de disposer ou de succéder dépend des rapports de famille ?

30. Traité de commerce et de navigation du 8 septembre 1868 avec la Régence de Tunis, aux termes duquel se trouve consacré diplomatiquement le principe de Droit privé international établi par l'article 8 des dispositions préliminaires du Code civil.

31. Il est désirable que le gouvernement italien tâche de faire sanctionner ce principe par d'autres Etats.

32. Examen critique de la doctrine consacrée par la Cour de cassation de Turin relativement à l'impossibilité d'appliquer ce principe aux biens héréditaires situés à l'étranger.

1. Nous avons dans le premier titre examiné ce qui concerne les conflits relatifs à l'état, à la capacité personnelle et aux rapports de famille.

Le second rapport pour lequel l'homme est soumis à la loi concerne les biens qu'il possède, en d'autres termes l'exercice des droits de propriété. Si tous les biens situés dans un Etat appartiennent aux nationaux, il pourra surgir des questions de Droit privé interne, mais non de Droit privé international. Si, au contraire, il se trouve que parmi les propriétaires ou les possesseurs de ces biens il existe des étrangers, comme les lois relatives à l'exercice du droit de propriété ne sont pas identiques, on voit surgir la question de savoir laquelle de ces lois est applicable.

D'après la doctrine *statutaire*, généralement admise, on distingue entre les biens meubles et les immeubles. Les biens meubles sont régis par le statut ou loi personnelle du propriétaire, parce que, n'ayant point d'assiette fixe, ils sont considérés comme inhérents à sa personne (*mobilia ossibus inhærent, sequuntur personam*), et pour cela doivent être soumis à la même loi que la personne elle-même. Au contraire, les biens immobiliers, sans distinguer s'ils appartiennent à des nationaux ou à des étrangers, sont soumis à la *lex rei sitæ.* L'indivisibilité de la souveraineté territoriale s'oppose, au dire des partisans de cette doctrine, à ce que des lois étrangères exercent leur empire sur la propriété immobilière située sur le territoire d'un Etat.

2. Toutefois, il est évident que, de même qu'il est injuste de soumettre les étrangers aux lois concernant les personnes et la propriété mobilière, de même il est inique d'appliquer à leurs immeubles la loi du lieu où ils se trouvent situés. Mais il faut excepter le cas où les dispositions de cette loi ont pour objet de donner à la propriété l'organisation qu'on croit la plus propre à la défense de l'intérêt territorial. Alors, en effet, ces dispositions appartiennent au Droit public de l'Etat de l'autorité souveraine duquel elles émanent. Laurent fait observer très judicieusement que toutes les lois, même celles qu'on qualifie de *réelles*, peuvent être considérées comme personnelles : « Les lois ne sont point une création arbitraire du législa-
« teur; elles sont l'expression de notre nature, de nos besoins, de
« notre destinée, donc elles ont essentiellement pour objet la per-
« sonne qu'elles aident dans le travail de son perfectionnement. En
« ce sens on peut dire de toutes les lois ce que les anciens légistes
« disaient des statuts qui règlent l'état de la personne ; les uns les
« comparaient à l'ombre qui suit le corps, les autres les représen-
« taient comme la moelle de nos os. C'est marquer avec énergie
« qu'il y a des statuts qui font partie de notre être, de notre sang et
« qui ne sauraient être détachés de notre personnalité, parce qu'ils
« s'identifient avec elle. Cela n'est-il pas vrai, dans une certaine
« mesure, de toutes les lois ? Peut-il y en avoir qui soient étrangères à
« notre nature, à notre mission sur cette terre ? Donc toutes sont
« personnelles. »

Il est vrai que les lois concernent aussi les biens, même celles qui sont les plus personnelles, celles qui règlent la nationalité ou le statut. En effet, les lois sont relatives aux droits et aux obligations, or les droits et les obligations tendent directement ou indirectement à nous procurer les objets du monde physique qui nous sont nécessaires pour notre développement intellectuel et moral. Mais voudra-t-on dire pour cela qu'il y a des lois ayant pour objet principal les biens, de telle façon que l'homme serait l'accessoire de la terre, tel qu'il l'était sous le régime féodal ? Bourgoigne l'a dit, et moi, continue Laurent, j'ai été un peu étonné de lire dans un auteur moderne (1) que les hommes sont considérés comme des moyens dans les lois réelles :

« Quoi ! l'homme, dont la mission est de devenir parfait comme

---

(1) Demolombe. *Cours du Code Napoléon*, t. I, p. 76, n° 92.

« son père dans les cieux, serait la dépendance de la terre! C'est
« l'expression de Bourgoigne... Il est très vrai que l'homme ne sau-
« rait vivre sans les objets du monde physique; il est vrai encore
« qu'il ne peut développer son intelligence et son cœur s'il n'a à sa
« disposition les instruments nécessaires, mais tous ceux qui croient
« qu'ils ont une âme disent que les biens ne sont qu'un moyen et
« les biens ne peuvent jamais devenir l'objet principal de ses dispo-
« sitions. Pourquoi les lois s'occupent-elle des biens? Pour l'utilité
« commune des personnes, répondent l s auteurs du Code. Donc la loi
« a toujours l'homme en vue et partant toute loi est personnelle en
« principe. »

Toutes les lois étant personnelles, il faut admettre que même les
lois concernant les biens peuvent être efficaces en territoire étranger, sans qu'on ait à distinguer s'il s'agit de biens mobiliers ou immobiliers. Si la souveraineté d'un Etat n'est pas lésée quand une
valeur mobilière de cent mille francs est réglée par une loi étrangère, pourquoi le serait-elle lorsque cette même loi régit une valeur
immobilière de mille francs ou même d'un prix moindre?

Ainsi, d'après l'illustre professeur de Gand, l'étranger étant admis
à invoquer sa loi nationale pour sa personne, doit aussi pouvoir en
demander l'application pour les biens qu'il possède, tant pour les
meubles que pour les immeubles, les uns et les autres étant l'accessoire de sa personne et servant d'instruments à l'homme pour son
perfectionnement. Peut-il, en effet, y avoir une loi pour le principal
et une autre pour l'accessoire? (1)

Nous ne pouvons pas hésiter à admettre cette théorie, que nous
avons soutenue avant notre savant collègue. De même qu'on attribue à l'étranger, en vertu du principe de nationalité, le droit d'invoquer sa loi nationale pour son état, sa capacité personnelle et ses
rapports de famille; de même on n'a aucune raison pour ne pas lui
accorder le même droit relativement aux biens qu'il possède, sans
distinguer entre les meubles et les immeubles. Mais la loi qu'il invoque
ne doit pas se trouver, ainsi que nous l'avons dit plus haut, en
opposition avec le droit public de l'Etat sur le territoire duquel sont
ces biens (2). Cette limitation est du reste admise par Laurent, puis-

(1) Laurent. *Principes de droit civil*, t. I, n° 126; *Le droit civil international*, t. I, p. 306 et suiv.

(2) Voir mon ouvrage déjà cité : *Il principio di nazionalità applicato
aile relazioni civili internazionali*, ch. V, n° 23, et *Movimento giuridico in Italia e nel Belgio sul Diritto internazionale privato*.

qu'il soutient que jamais un étranger ne peut invoquer sa loi personnelle contre les lois de Droit public. En ce sens ces lois sont réelles.

3. La législation italienne, à première vue, comme nous l'avons déjà indiqué (1), semble avoir voulu se conformer à la doctrine *statutaire*. En effet l'article 7 des dispositions préliminaires du Code civil italien est ainsi conçu : « Les biens mobiliers sont régis par la loi de « la nation du propriétaire, sauf les dispositions contraires de la loi « du pays dans lequel ils se trouvent. Les biens immobiliers sont « soumis à la loi du lieu où ils sont situés. (2) » Il semble donc que cet article n'ait rien innové, puisqu'il a consacré l'antique distinction entre les meubles et les immeubles, en soumettant les premiers à la loi personnelle du propriétaire et les seconds à la *lex rei sitæ*.

Mais une importante règle d'interprétation juridique est que, pour connaître la volonté du législateur, il faut avoir égard aux diverses dispositions par lui consacrées en les combinant entre elles, et en

---

(1) V. Titre précédent, § 3.

(2) Quelques législations soumettent les biens mobiliers tout comme les biens immobiliers à la *lex rei sitæ* (Codes du canton de Berne, article 4; du canton de Vaud, art. 3 et 8; de Bavière, partie III, ch. II, § 17. D'autres législations sont fidèles à la doctrine statutaire : Codes de Russie, § 28; d'Autriche, § 300.

Le Code civil français et tous les autres auxquels il a servi de modèle se bornent à formuler la règle que les biens immobiliers sont réglés par la *lex rei sitæ*, sans rien dire de la loi régulatrice des biens meubles (art. 3 du Code civ. français; art. 7 du Code néerlandais; art. 1 du Code de Fribourg; art. 9 du Code de la Louisiane). Mais les auteurs et la jurisprudence en général sont d'avis que ces Codes ont implicitement consacré l'antique principe d'après lequel les biens meubles sont régis par la loi personnelle du propriétaire.

Les anglo-américains sont des *réalistes* par excellence. Ils n'admettent pas même la personnalité des statuts qui règlent l'état et la capacité des personnes, si ce n'est à titre de courtoisie internationale ou pour mieux dire, comme le fait observer Laurent, quand leur intérêt n'est pas en jeu. Toutefois, en matière de meubles, ils suivent la loi du domicile, c'est-à-dire la loi personnelle, puisqu'ils déterminent la loi de la personne d'après son domicile. La différence que la *common law* établit sous ce rapport entre les *meubles* et les *immeubles* se remarque jusque dans la terminologie légale, et l'on donne le nom de *real property* à la propriété immobilière qui est régie par la loi du *sol* ou du *territoire*. (V. Laurent, *Droit civil international*, t. II, §§ 175 et 176.) Cet auteur fait connaître la raison de cette différence entre les biens mobiliers et les biens immobiliers dans le fait d'une législation qui est demeurée fidèle au principe féodal que toute coutume est réelle.

ne les considérant pas chacune séparément. Or, de la combinaison de cet article 7 avec l'article 6 qui le précède et des articles qui le suivent, et spécialement avec l'article 8, il résulte clairement que la législation italienne a substitué à la doctrine *statutaire*, telle qu'elle était généralement comprise, une nouvelle théorie conforme aux données de la science et aux principes de la civilisation moderne.

4. Avant de nous rattacher à cette démonstration, nous ferons remarquer que, de même que le législateur italien, par application du principe de nationalité, a admis le système de la loi nationale pour l'état et la capacité des personnes, de même il l'a consacré pour les biens meubles, ces biens étant inhérents à la personne. Un membre de la Commission de coordination, Mancini, en développant les motifs de la disposition relative aux biens meubles, s'exprimait ainsi : « Pour les meubles il y avait trois systèmes à suivre, « ou déclarer qu'ils sont régis par les lois du domicile du pro-« priétaire, ou établir, comme on l'a fait dans le projet, qu'ils sont « soumis à la loi nationale de ce même propriétaire, ou bien décla-« rer que, de même que les immeubles, ils sont soumis aux lois du « lieu où ils se trouvent. — Mais le premier de ces systèmes était « déjà éliminé indirectement par l'article 6 précédent, qui déclare « que l'état et la capacité des personnes sont régis par leur loi na-« tionale; or, comme les meubles, d'après l'antique aphorisme « *mobilia sequuntur personam*, sont considérés par fiction comme se « trouvant toujours près de la personne du propriétaire, il est évi-« dent qu'en voulant suivre cette fiction et les faire régir par la loi « de la personne, on ne doit pas s'attacher à celle du domicile qui « n'a ou ne peut avoir aucune influence sur cette même personne, « mais seulement à la loi de la nation à laquelle il appartient.

« Il ne restait plus dès lors que deux systèmes en présence, sa-« voir : ou bien celui adopté par le projet, ou bien le dernier « de ceux dont il vient d'être parlé, c'est-à-dire celui de la loi de la « situation des meubles. Mais ce dernier système, quoique soutenu « par quelques-uns des auteurs modernes, qui, éliminant la fiction sur « laquelle repose le premier, voudraient que, selon la réalité des « choses, on assujettisse les meubles eux-mêmes aux lois du lieu de « la situation (1), ce système semble périlleux et difficile à appli-

---

(1) Ce système a été soutenu par Savigny, qui croit inadmissible la fiction que les meubles sont considérés comme existant auprès de la personne du propriétaire et sont pour cette raison régis par la loi personnelle de celui-ci. Cette fiction peut être admise relativement aux bagages qu'un voyageur emporte ordinairement chez lui lorsque son

« quer surtout à l'époque actuelle, où, par suite de la quantité et de
« la facilité des moyens de communication et de la multitude et de
« l'importance des objets mobiliers, tout à coup et dans un laps de
« temps très court, même accidentellement pour cause de voyage
« ou pour toute autre raison, des meubles d'une même personne
« pourraient se trouver en des lieux différents soumis à des lois dif-
« férentes. En outre, il ne serait pas toujours très facile de pouvoir
« constater si à tel moment précis, où devrait avoir lieu l'application
« de la loi, les meubles se trouvaient plutôt en un lieu que dans tel
« autre ; ce qui démontre combien ce système, presque impraticable,
« serait une source permanente de difficultés et d'innombrables et
« graves incohérences.

« Il ne restait donc plus d'autre système que celui qui est proposé,
« d'après lequel les biens meubles sont soumis à la loi nationale du
« propriétaire, système auquel cependant il était nécessaire de dé-
« roger dans les cas où, soit les lois spéciales du royaume, soit celles
« du pays, où se trouveraient matériellement les meubles, poseraient
« des règles spéciales, telles que seraient, par exemple, en Italie la loi
« sur la richesse mobilière (1), celle sur les appointements et les
« pensions payées par l'Etat, ou celles qui réglementent ou défen-
« dent le nantissement de certains objets mobiliers, parce que, dans
« ces cas ou dans d'autres semblables, la fiction sur laquelle re-
« pose ce système céderait devant la réalité des choses dérivant
« d'une disposition spéciale de loi qui y serait contraire (2). »

5. Dès lors le principe consacré par le Code civil italien, que la loi

---

voyage est fini, et aux marchandises qu'un négociant expédie pour
qu'elles lui soient retournées à son domicile si on ne trouve pas à les
vendre, pour y attendre des occasions plus favorables. Mais comment
l'admettre s'il s'agit de choses destinées à rester d'une façon permanente
dans le même lieu, comme les meubles d'une maison, une bibliothèque,
une collection d'objets d'art, les instruments aratoires destinés à la
culture d'une ferme? Aussi, en général, devrait-on établir comme règle
l'application aussi bien aux meubles qu'aux immeubles de la *lex rei sitæ*,
et comme exception l'application de la loi personnelle dans le cas où il
s'agit *de choses qui sont censées exister* au domicile du propriétaire.
(Savigny, *Traité de droit romain*, t, VIII, § CCCLXVI.)

De même Wachter, Mühlenbruch, Eichorn, de Chassat et d'autres auteurs trouvent arbitraire la distinction entre les meubles et les immeubles et sont d'avis que les uns aussi bien que les autres devraient être
régis par la *lex rei sitæ*.

(1) V. le § 29 de la 1re partie de cette étude.
(2) *Processi verbali*, cit. p. 627.

régulatrice des biens meubles est, en général, celle de la nation du propriétaire, est basé sur la fiction légale que ces biens sont considérés comme existant près de sa personne, et par suite sont régis par la même loi que sa personne. De là il s'ensuit que ce principe est inapplicable dans les cas exceptionnels dans lesquels les meubles n'ont pas de relation intime avec la personne du propriétaire. Ainsi, par exemple, si la propriété de ces meubles était réclamée ou contestée, si l'on invoquait le principe qu'*en fait de meubles possession vaut titre*, ou si l'on voulait exercer un droit de nantissement sur les meubles, dans ces cas, la fiction cesserait de s'appliquer et les meubles devraient être régis par la *lex rei sitæ*, comme le soutiennent tous les auteurs qui admettent la maxime *mobilia sequuntur personam*. C'est pour cela aussi que, dans ces cas, on applique l'exception formulée dans l'article 7, aux termes duquel on doit respecter les dispositions contraires de la loi du pays dans lequel se trouvent les meubles (1).

6. Dès lors, sauf cette exception, les tribunaux italiens, lorsqu'ils seront appelés à trancher des difficultés relatives aux biens meubles, les résoudront d'après la loi nationale du propriétaire. Cette loi sera donc applicable pour savoir si une chose donnée est mobilière; et lorsqu'elle reconnaîtra, comme la loi italienne, deux sortes de biens meubles, les uns par leur nature, les autres par la détermination du législateur (2), elle devra régir les deux espèces de meubles. C'est d'après cette même loi qu'on devra décider si des choses mobilières données sont ou ne sont pas passibles de tel ou tel droit.

La loi nationale du propriétaire réglera aussi les modes de transférer ou de perdre la propriété ou les autres droits réels sur les choses mobilières, en tant qu'il s'agit de décider si le mode employé a ou n'a pas la vertu de transférer la propriété ou d'autres droits sur les choses mobilières. Ainsi, par exemple, l'usufruit qui sera conféré sur des meubles appartenant à une personne soumise à l'empire du Droit romain par une ordonnance du juge du lieu où ce droit est en vigueur, devra être reconnu par les tribunaux italiens, bien que ce mode d'établissement de l'usufruit ne soit pas admis aux termes du Code civil italien (3).

---

(1) V. Asteng. *Codice civile del regno d'Italia confrontato cogli altri Codici italiani ed esposto nelle fonti et nei motivi*, aux observations sur cet article. V. aussi Foelix, *Droit internat. privé*, t. 1, nᵒ 62; Rocco, *Trattato di diritto civile internazionale*, lib. 2, cap. 3.

(2) Art. 416 et suiv. du Code civil italien.

(3) Les modes d'établissement de l'usufruit, aux termes de l'art. 478 de ce Code, sont la loi et la volonté de l'homme. On n'y mentionne pas l'ordonnance du juge.

De même les questions relatives à la prescription acquisitive des choses mobilières devront être résolues en conformité de la loi nationale du propriétaire, bien entendu du propriétaire contre lequel on invoque cette exception, et non de celle du propriétaire qui l'invoque, puisqu'il n'est pas propriétaire tant que la prescription n'a pas été accomplie.

7. Quant aux biens immobiliers, il est facile de le démontrer, bien que le législateur italien les ait déclarés régis par la *lex rei sitæ*, cependant il n'a pas voulu rendre hommage à la doctrine *statutaire*, telle qu'elle était généralement entendue.

En effet, nous avons dit déjà (1) que l'article 6 des dispositions préliminaires établit que les rapports de famille, de même que l'état et la capacité des personnes, sont régis par la loi de la nation à laquelle elles appartiennent. De même nous avons fait remarquer que par cette assimilation des rapports de famille à l'état et à la capacité des personnes, le législateur italien s'est éloigné du système des autres législateurs, qui ne s'occupent pas de ces rapports.

8. Or, le principe que la loi nationale est applicable aux rapports de famille est générique. Dès lors ces rapports, étant à la fois personnels et patrimoniaux, produisant des effets tant à l'égard des personnes dont il s'agit qu'à l'égard de leurs biens, cette loi devra être appliquée pour régir les uns et les autres rapports. Il serait certainement étrange que, tandis que pour les rapports personnels entre le mari et la femme, entre les parents et les enfants, entre le tuteur et le mineur, la loi applicable, ainsi que nous l'avons indiqué précédemment, est la loi nationale, au contraire, pour la détermination des rapports patrimoniaux, en d'autres termes pour les effets que les relations de famille produisent relativement aux biens qui appartiennent aux mêmes personnes, on doive tenir compte des dispositions en vigueur dans le lieu où ils se trouvent situés. L'État, du pouvoir souverain duquel émanent ces dispositions, excepté dans le cas où elles appartiennent au Droit public, n'a aucun intérêt à ce qu'elles soient appliquées aux étrangers. Aussi doit-il permettre que ceux-ci soient régis par leurs lois nationales, qui sont mieux appropriées pour résoudre les difficultés qui s'élèvent entre eux.

9. Que telle ait été l'intention du législateur italien, cela résulte des procès-verbaux de la Commission de coordination, dont nous avons parlé déjà plusieurs fois. L'article 6, tel qu'il avait été d'abord rédigé, n'assujettissait à la loi nationale que l'état et la capacité des personnes, et suivait en cela le système adopté par les autres légis-

(1) V. Titre précédent, § 10.

lations. Mais un des membres de la Commission proposa d'assimiler les rapports de famille à l'état et à la capacité des personnes. Le but de cette disposition complémentaire, ainsi que s'exprimait ce membre de la Commission, est « de régler d'une façon uniforme les droits « de famille, tel par exemple que *le droit d'usufruit attribué aux parents*, etc. (1). » On mit ainsi un terme à la question controversée parmi les auteurs, de savoir si le statut ou la loi qui régit l'usufruit légal du père est *personnel* ou bien *réel*. L'opinion généralement admise était celle qui avait été soutenue par Merlin, d'après laquelle l'usufruit appartenait au père s'il lui était attribué par sa loi personnelle, ce droit étant fondé sur l'autorité paternelle, qui est réglée par cette loi. Mais, d'autre part, il était nécessaire que la *lex rei sitæ* ne s'opposât pas à l'exercice de ce droit; qu'en d'autres termes cette loi attribuât aussi l'usufruit au père, afin que celui-ci pût s'en prévaloir, l'usufruit étant un effet réel ou patrimonial de la puissance paternelle, parce qu'il produit un changement dans le patrimoine du fils (2). Etant donnée dans son entier, telle qu'elle était admise, la doctrine *statutaire*, on ne pouvait, sans manquer de logique, arriver à une conclusion différente. Si l'on admet, en effet, que les biens immobiliers sont régis uniquement par la *lex rei sitæ*, il s'ensuit que l'usufruit ne peut appartenir au père sur ces biens que si cette loi le lui reconnaît, bien que sa loi personnelle le lui attribue, et qu'on ne devra avoir égard à cette dernière loi que pour les biens meubles du fils sous puissance paternelle.

10. Aux termes de la législation italienne, lorsqu'on se demande si un père peut avoir l'usufruit des biens de son fils, soit mobiliers, soit immobiliers, il ne s'agit que de déterminer un effet patrimonial dérivant des rapports de famille qui existent entre l'un et l'autre. Dès lors aucune autre loi que la loi nationale ne saurait être appliquée. Toute nation doit régler les intérêts de famille de ses membres, et laisser à qui il appartient, c'est-à-dire au législateur étranger, le soin de régler les intérêts des familles étrangères.

11. Le principe relatif aux rapports patrimoniaux entre père et fils doit aussi s'appliquer aux rapports patrimoniaux entre mari et femme. En effet, on n'a parlé dans le sein de la Commission de coordination de l'usufruit légal du père *qu'à titre d'exemple*, après qu'on avait dit qu'on voulait régler d'une façon uniforme les droits de famille. Aussi les tribunaux italiens devront-ils résoudre en se

------

(1) Voir les procès-verbaux déjà cités.
(2) Merlin. *Répertoire*, v° *Puissance paternelle*, t. I, n° 60, Rocco, *op. cit.*, lib. 3, cap. 25.

conformant à la loi nationale du mari, non seulement la question relative à la capacité de la femme pour accomplir les actes de la vie civile (1), mais encore celle qui a trait à l'aliénabilité ou à l'inaliénabilité de la dot ; c'est-à-dire qu'ils déclareront la dot absolument aliénable, même en ce qui se rapporte aux biens mobiliers ou immobiliers qui se trouveront en Italie, dans le cas où la loi nationale la considèrera comme telle, bien que le Code civil italien admette d'une façon seulement limitée l'aliénabilité de la dot (2). En effet, il n'y a aucune dérogation au Droit public italien dans le fait que des biens dotaux possédés par un mari étranger sont librement aliénés.

12. De même seront réglées par la loi nationale du mari ou par celle du mineur, l'hypothèque de la femme sur les biens du mari pour garantir la dot et l'hypothèque du mineur sur les biens du tuteur comme garantie de l'exercice de la tutelle, parce qu'il s'agit d'effets dérivant des rapports de famille. En outre, la loi qui attribue l'hypothèque à ces personnes est une loi relative à leur *état*, cette garantie n'étant qu'une conséquence de l'état de femme mariée ou de mineur, en vue duquel elle a été établie. Dès lors, c'est pour ce motif aussi que l'on doit appliquer la loi nationale et non pas la *lex rei sitæ*, sauf dans le cas où les dispositions de cette dernière loi appartiennent au Droit public de l'État du pouvoir souverain duquel elles émanent. Qu'on suppose, en effet, que la loi étrangère accorde une hypothèque générale et occulte, exempte d'inscription, il est certain qu'une telle hypothèque ne pourrait pas s'exercer sur les biens du mari ou du tuteur qui sont situés en Italie, le législateur italien ayant, pour des motifs d'économie politique, établi le système hypothécaire sur les bases de la spécialité et de la publicité (3).

13. Parmi les effets patrimoniaux dérivant des rapports de famille se trouve le droit de succession, qui n'est pas réglé d'une façon uniforme par tous les législateurs. Avant de parler des conflits qui peuvent surgir relativement à ce droit, voyons dans quel cas est applicable le principe consacré par la législation italienne de l'empire de la *lex rei sitæ* sur les biens immobiliers.

Partout les lois contiennent des dispositions régulatrices des biens considérés indépendamment de leurs possesseurs, dispositions qui ont pour objets de donner à la propriété immobilière l'organisation que l'on croit la plus convenable pour protéger l'intérêt public ter-

----

(2) V. § 22 de la 1re partie de cette étude.
(2) V. art. 401 et 405.
(3) Art. 1965 C. civ. italien.

ritorial. Il est évident que de semblables dispositions sont applicables également aux biens possédés par les étrangers. En effet, le législateur, en les édictant, exerce sa souveraineté directement sur les choses et non pas sur les posseseurs. Du reste, il n'est pas juste que les étrangers se prévalent de leurs lois nationales qui sont en opposition avec la *lex rei sitæ*, puisqu'il s'agit de dispositions ayant pour objet, ainsi que nous l'avons déjà dit, de protéger l'intérêt public territorial. Aussi ces dispositions exercent-elles leur empire indistinctement pour tous les biens qui sont situés sur le territoire de l'État de la souveraineté duquel elles émanent.

A la catégorie des lois relatives aux biens eux-mêmes indépendamment de leurs possesseurs, appartiennent celles qui déterminent la nature et le caractère des biens, ou établissent quels sont les droits dont ces biens sont éventuellement grevés. On devra dès lors se référer aux dispositions du Code civil italien pour décider si les biens meubles par leur nature, par exemple les animaux destinés à la culture, les instruments aratoires, les foins, les ruches d'abeilles, les pressoirs, les chaudières, etc., doivent être considérés comme immeubles par destination du propriétaire lorsque les fonds de terre ou les édifices dont on prétend qu'ils dépendent sont situés en Italie (1), sans tenir compte des dispositions à ce sujet des lois nationales des propriétaires de ces immeubles. On devra également se référer aux mêmes dispositions pour connaître de quels privilèges ou de quelles hypothèques légales sont frappés les immeubles situés en Italie (2), quelle que soit du reste la nationalité des propriétaires de ces biens. En effet, par ces dispositions, le législateur n'a fait que régler les rapports réels, c'est-à-dire les rapports qui existent entre une chose immobilière et des choses mobilières données, abstraction faite des possesseurs de ces biens, et s'est seulement inspiré de raison d'intérêt social.

14. A la même catégorie appartiennent les dispositions relatives aux servitudes légales. Aussi un propriétaire étranger serait-il tenu de reconnaître toutes les servitudes légales admises par le Code civil italien (3), quand même elles ne le seraient pas par sa loi nationale. En effet, de telles dispositions, en établissant des charges sur un fonds pour l'utilité d'un autre fonds, sont régulatrices des biens en eux-mêmes, indépendamment des propriétaires de ces biens, et leur but est la prospérité économique du pays.

---

(1) Art. 409, 413 C. civ. italien.
(2) Art. 1931, 1963, 1969.
(3) Art. 533 et suiv.

15. De même l'usufruit légal, quoique par son origine il puisse dépendre d'une loi étrangère (1), est réglé par la *lex rei sitæ* quant à son exercice, c'est-à-dire pour les droits et les obligations qui lui sont attachés, s'il a pour objet des immeubles. En effet, dès que l'usufruit est établi, par exemple en faveur du père, aux termes de la loi nationale, si l'on recherche quels sont les droits et les obligations de l'usufruitier, il ne s'agit plus de déterminer les rapports de famille entre le père et le fils, mais les rapports entre le nu-propriétaire et l'usufruitier, et ces rapports sont réglés par chaque législateur de la façon qu'il croit la meilleure pour que la modification de la propriété apportée par l'usufruit ne soit pas un obstacle à la prospérité économique du pays.

16. De même, sont encore applicables aux biens immobiliers des étrangers, parce qu'elles s'occupent de ces biens indépendamment de leurs possesseurs, et parce qu'elles ont pour but l'intérêt général, les dispositions relatives aux droits qui dérivent de la propriété, parmi lesquels on compte le droit d'accession relatif aux fruits, aux constructions, aux plantations, aux alluvions, aux terres entraînées par les eaux, aux îles, au changement de lit d'un cours d'eau (2).

17. Outre les rapports réels entre une chose immobilière et une chose mobilière ou bien entre deux choses immobilières, il y a des rapports qui peuvent naître entre deux personnes relativement à une même chose. Nous allons nous occuper des rapports individuels relatifs à la possession, en d'autres termes des rapports entre le propriétaire et le possesseur, pour connaître quels droits comporte la possession lorsqu'elle est séparée de la propriété, nous réservant de parler ensuite des rapports individuels qui dérivent des successions, des donations et des obligations.

Les législations, à commencer par la loi romaine pour finir par les législations modernes, ont toujours protégé la possession dans le cas où elle remplit toutes les conditions nécessaires pour être légitimes, en lui reconnaissant des conséquences juridiques très importantes qui sont relatives principalement aux actions possessoires, à la proportion des fruits et à la prescription.

Les dispositions relatives à la possession n'ont pas trait à l'organisation territoriale de la propriété, mais, comme celles dans nous venons de parler, elles ont trait aux biens par eux-mêmes indépendamment des possesseurs de ces biens. Elles dérivent, du reste, de considérations économiques. Il est, en effet, contraire à l'ordre éco-

----

(1) V. plus haut, § 10.
(2) Art. 444 et suiv. C. civ. italien.

nomique de refuser aux possesseurs la sécurité dont ils ont besoin pour s'efforcer à rendre les biens toujours plus productifs. De là il résulte que de telles dispositions, faisant partie du droit public, sont applicables aussi aux biens des étrangers.

Dès lors, l'exercice des actions possessoires, la prescription des fruits, la prescription acquisitive des biens immobiliers et la prescription extinctive des actions immobilières ne peuvent être réglés que par la *lex rei sitæ*, sans distinguer, du reste, si les biens appartiennent aux nationaux ou aux étrangers (1). Pour donner un exemple relatif à la prescription acquisitive, nous dirons que, relativement aux immeubles situés en Italie, on devra admettre la prescription décennale de la manière déterminée par le Code civil italien (2), bien que la personne qui l'invoque ou que celle contre laquelle elle est invoquée appartienne à un Etat dont la législation ne reconnait que la prescription trentenaire.

18. Dans ces conditions, le principe consacré dans la seconde partie de l'article 7 des dispositions préliminaires du Code civil italien, aux termes duquel la *lex rei sitæ* exerce son empire sur les biens immobiliers, doit recevoir son application, lorsqu'il s'agit de déterminer la nature et le caractère des biens, ou de dire de quels droits ils sont passibles, de reconnaitre si un immeuble doit être l'objet d'une servitude légale; de savoir quels sont les droits et les obligations attachés à un usufruit établi par la loi, comment est réglé le droit d'accesion, quels sont les droits du possesseur.

Il est vrai qu'il y a encore d'autres cas ou la *lex rei sitæ* doit être appliquée, parce que, comme nous le verrons plus loin, quelquefois elle règle les rapports individuels qui ont pour origine les donations ou les obligations. Mais nous dirons que si la *lex rei sitæ* s'applique en dehors des cas dont il a été question jusqu'ici, ce n'est pas par application de l'article 7, mais par application des articles 8 et 9 mitigés par l'article 12, articles dont nous nous occuperons dans la suite de cette étude.

19. Le législateur italien a donné une preuve indiscutable de sa volonté d'abandonner la doctrine *statutaire*, telle qu'elle était généralement comprise. En effet, après avoir admis le principe de l'application de la *lex rei sitæ* à la propriété immobilière, principe qui doit être combiné avec celui que les rapports de famille sont réglés par la loi nationale, ces rapports comprenant des rapports patrimoniaux, il a introduit dans l'article 8 des dispositions préliminaires

____

(1) V. art. 686, 703, 2137 C. civ. italien.
(2) V. art. 2137, cit.

du Code civil une exception très importante au premier de ces principes consacré par l'article 7. Cet article est ainsi conçu : « Toutefois les successions légitimes et testamentaires, soit quant à l'ordre de succession, soit quant à la mesure des droits successoraux et à la validité intrinsèque des dispositions, sont réglées par la loi nationale de la personne de l'hérédité de laquelle il s'agit, de quelque nature que soient les biens et en quelque pays qu'ils se trouvent. »

20. Par cet article on mit fin à la vive et importante controverse de droit international qui existait en doctrine et en jurisprudence sur la question de savoir quelle loi est applicable aux successions légitimes et testamentaires des individus dont le patrimoine comprend des biens situés dans des pays différents,

Presque partout on admettait en doctrine aussi bien qu'en jurisprudence l'application de la théorie *statutaire* pour résoudre cette question. On admettait qu'on devait appliquer aux immeubles du défunt son statut personnel, c'est-à-dire le statut de son domicile. Quant aux immeubles, comme ils ne peuvent être réglés que par le statut réel, savoir par le statut de la loi de leur situation, on admettait l'adage très connu, *tot hœreditates quot territoria,* par suite de la fiction que la succession, en réalité unique, se subdivisait en autant d'hérédités, dévolues d'après autant de lois diverses, qu'il y avait de pays sur les territoires desquels les immeubles se trouvaient situés (1).

21. Le législateur italien, abandonnant les enseignements du passé, a voulu dans l'article 8 précédemment rappelé, rendre un nouvel hommage au principe de nationalité et appliquer la disposition déjà par lui consacrée que les rapports de famille doivent être réglés par la loi nationale. En effet, le principal objet des lois concernant les successions est de déterminer les droits appartenant après la mort du propriétaire à ces parents, ce qui équivaut à dire qu'elles déterminent les effets dérivant des rapports de famille. Aussi, doit-on laisser au législateur national le soin de déterminer ces effets, comme il le croit le plus convenable, en mettant d'accord les droits de propriété avec l'organisation de la famille. Du reste, on ne peut dis-

---

(1) Le tribunal suprême de Madrid, par son arrêt 6 juin 1873, a consacré le pricipe qu'en ce qui concerne l'universalité des biens héréditaires, les seules lois applicables sont celles du statut personnel. Dans le même sens : Tribunal du Havre, 23 août 1872. — Abstraction faite de ces décisions, la jurisprudence des tribunaux de l'Europe est restée toujours fidèle à la maxime, *tot hœreditates quot territoria.*

joindre l'être idéal du patrimoine (*universitas juris*) de la personne qui possède le patrimoine lui-même, et comme la personne ne saurait être divisée, de même n'est pas susceptible de division l'être moral qui est identifié à la personne elle-même. Aussi, l'adage *tot hœreditates quot territoria*, n'est nullement rationnel. Ajoutons que l'hérédité a un fondement personnel, étant basée sur la volonté expresse ou tacite du défunt, qui, comme le fait remarquer Savigny, par elle obtient l'immortalité civile et économique, sa volonté subsistant après la tombe. Il est, dès lors, juste que sa succession soit réglée par la loi même à laquelle il appartient de régler son état et sa capacité.

Cependant, par suite du tempérament consacré par l'article 12, jamais la loi nationale d'un défunt étranger ne pourra être appliquée pour les biens situés en Italie, dans le cas où cette loi serait contraire au droit public italien. Les observations que nous avons faites dans notre précédente étude (1) sur l'application de cet article s'appliquent tout à fait à notre hypothèse. Entendu littéralement, l'article 12 annulerait presque complètement aussi bien l'article 8 que l'article 6. En effet, pour prendre un exemple, la loi qui défend au testateur de disposer au delà d'une certaine portion de son hérédité si en mourant il laisse des descendants ou bien des ascendants (2) appartient à la catégorie des lois prohibitives concernant les biens et les actes. Si on admet que jamais une loi étrangère ne puisse déroger à une telle loi, la conséquence que cette loi devra s'appliquer aux libéralités d'un étranger dont la loi nationale a déterminé autrement la quotité disponible, deviendra légitime. De cette façon, on fera une lettre morte de la disposition, en vertu de laquelle *la mesure des droits successoraux* est réglée par la loi nationale du défunt, et, en outre, on détruira le principe dont cette disposition est une conséquence, d'après laquelle cette même loi doit régler les rapports de famille, car c'est par suite de ces rapports que le droit de disposer est limité dans le cas où le disposant a des descendants ou bien des ascendants. Pour ce qui est donc de l'article 8, l'article 12 en limite les effets en ce sens que, s'agissant d'un étranger, sa succession sera réglée par sa loi nationale, à la condition que l'application de cette loi n'entraîne pas une dérogation aux dispositions consacrées par le législateur italien relativement aux successions, pour sauvegarder l'ordre public ou les bonnes mœurs, en

---

(1) V. § 13 de la 2e partie de la première étude.
(2) Art. 805, 806 et 807 C. civ. italien.

d'autres termes, aux dispositions qui appartiennent au Droit public italien (1).

(1) Pour éclaircir la disposition de l'article 8, nous croyons utile de rappeler les paroles d'un membre de la Commission de coordination (Mancini) et celles du Garde des sceaux dans le rapport fait au roi en soumettant à sa signature le décret de publication du Code civil italien.

Ce commissaire commença par déclarer que cette disposition contenait une innovation hardie aux principes jusqu'alors reçus d'après lesquels les immeubles, même en ce qui a trait à la succession, doivent toujours être régis par la loi de leur situation. Mais il démontra, en invoquant l'opinion de plusieurs des plus célèbres auteurs qui ont traité du Droit international privé, que le principe proposé était le plus juste et le plus conforme aux principes du Droit philosophique, parce que, *l'hérédité n'étant pas autre chose que la combinaison du principe de la propriété avec celui de la famille, doit être réglée par la loi de la personne.* Il est vrai, poursuivait l'auteur, que l'innovation que l'on propose d'introduire dans le Code est encore sans exemple et qu'elle est contraire aux tendances jusqu'alors admises et contenues dans la maxime : *tot hæreditates quot territoria.* Mais ce principe est scientifiquement erroné et entraîne des complications, des incohérences, de lourdes dépenses et un préjudice pour les héritiers; il est contraire à la volonté présumée du défunt qui, en ne disposant pas par testament de son patrimoine, et laissant à la loi le soin de faire pour lui son testament, ne peut pas être présumé ne pas avoir voulu que ses biens, en quelque pays qu'ils soient situés, se transmissent plutôt d'après sa loi nationale que d'après sa loi étrangère. Mancini concluait en disant que la nouvelle législation italienne, en admettant la première un principe aussi libéral et généreux, sans s'inquiéter de la réciprocité qui a déjà été abandonnée par le nouveau Code civil dans les cas où elle était exigée aux termes des législations antérieures, se conformerait encore en cela au même principe, donnerait un admirable exemple au monde civilisé et engagerait peut-être les autres nations à l'imiter, de telle façon qu'il en serait peut-être de ce principe comme du libre-échange qui, proclamé hardiment par l'Angleterre la première, a été ensuite courageusement admis par le Parlement sarde, puis, peu à peu, a été se généralisant dans les autres États et aujourd'hui triomphe presque partout. (Procès-verbaux déjà cités, p. 630.)

Le Garde des sceaux, après avoir exprimé l'idée que c'était une excellente inspiration d'avoir consacré législativement les règles principales les plus indispensables du Droit international privé, dit que, sans parler des autres innovations, il s'occupera uniquement d'une seule, pour qu'on en comprenne bien le motif et le but, de celle qui est contenue dans l'article 8 des dispositions préliminaires. Il ajoute qu'au sujet de la controverse qui y est résolue, on a adopté la doctrine éminemment nationale *que le droit successoral est une loi essentiellement de famille et*

E.   2

22. Le texte par lequel le législateur italien a disposé que les successions sont régies par la loi nationale du *de cujus* a un triple objet. Le premier, c'est l'ordre de la succession, qui est celui d'après lequel la loi appelle à succéder au défunt les parents légitimes, les fils naturels, l'époux survivant et l'Etat. Cet ordre étant basé sur la volonté présumée du défunt, il est juste d'admettre la présomption d'après laquelle il a voulu s'en remettre à sa loi nationale et non à la loi étrangère dont les dispositions peuvent être ignorées par lui. Ainsi, par exemple, s'il s'agissait de la succession d'un étranger, qui aurait des frères consanguins et utérins, ceux-c seraient exclus par les frères germains s'il en existait, même relativement aux biens situés en Italie, dans le cas où la loi nationale du *de cujus*, conforme aux principes de la législation de l'empereur Justinien, n'admettrait point, comme le Code civil italien, le concours des frères et des sœurs consanguins et utérins avec les frères et les sœurs consanguins (1). De même les droits du fils naturel à la succession de son père qui l'a reconnu seront déterminés par la loi nationale de celui-ci, même relativement aux biens par lui possédés en Italie, sans avoir aucun égard aux dispositions du Code civil italien (2).

dès lors attachée à la personne; que, du reste, on ne saurait équitablement invoquer le principe de la souveraineté territoriale, parce que ce principe ne saurait avec raison régir cette partie intime et inaliénable de tout Etat qui tient à l'organisation du droit successoral, ce qui veut dire au Droit public interne. Il ajoute que l'application de ce nouveau principe est limitée par les justes restrictions consacrées dans l'article 12, qui dispose nettement que, en aucun cas, les lois, les actes et les jugements d'un pays étranger et les conventions privées ne pourront déroger aux lois prohibitives du royaume concernant l'ordre public et les bonnes mœurs. D'où la conséquence indiscutable que jamais, dans aucun cas, les lois étrangères concernant le droit successoral ne pourraient entraver ou paralyser les dispositions législatives ayant pour but de régler les biens et la propriété territoriale conformément aux hautes raisons d'intérêt public.

Le ministre Vacca terminait en disant dans son rapport qu'en donnant à cette question controversée une solution conforme aux principes de la science et à la doctrine soutenue par les publicistes les plus illustres et les plus autorisés, l'Italie méritait bien de la civilisation contemporaine en inscrivant hardiment et sans timidité dans son nouveau code un principe hautement progressif et libéral qui fournirait, il osait l'espérer, un exemple qui serait imité par les autres nations qui suivent la voie du progrès.

(1) Art 710, § 1er.
(2) Art. 711 et suiv.

23. Le second objet de l'article 8 est la mesure des droits successoraux, c'est-à-dire la quote-part revenant à chaque héritier dans les successions *ab intestat* et la portion due à titre de réserve à certaines personnes déterminées, limitant les dispositions du défunt qui a fait un testament. Contrairement à notre article, d'après la maxime *tot hæreditates quot territoria*, si une personne mourait *ab intestat*, il pourrait se faire que, tandis que ses héritiers, aussi bien hommes que femmes, lui succéderaient par parts égales dans ses biens immobiliers en quelque lieu que ces biens fussent situés, cette égalité fût rompue pour les immeubles dans un pays où, pour maintenir l'éclat des familles, la succession tout entière serait dévolue aux hommes, sauf pour eux l'obligation de fournir une légitime aux femmes. Cette inégalité devrait exister, bien que la loi nationale du *de cujus* ait observé purement et simplement, pour régler les successions *ab intestat*, les règles du Droit naturel, et n'eût eu, dès lors, aucun égard à la différence de sexe, en admettant les femmes aussi bien que les hommes à succéder par parts égales. Cependant, il est évident que l'inégalité ayant pour objet d'assurer la splendeur des familles, ce but est atteint lorsque cette inégalité s'applique au sein des familles nationales, sans qu'il soit besoin de l'étendre aux familles étrangères, dont les intérêts doivent être réglés par leurs lois nationales. De même en admettant cette doctrine, si quelqu'un meurt en laissant à la fois des biens mobiliers et immobiliers, la portion légitime des descendants ou des ascendants sera pour les meubles, quelle que soit leur situation, réglée par la loi personnelle du défunt; mais pour les immeubles cette portion sera plus ou moins considérable selon qu'ils seront situés dans un pays plutôt que dans un autre. Toutefois, il est hors de doute que la portion légitime, étant un effet patrimonial dérivant des rapports de famille existant entre le propriétaire et ses descendants ou ses ascendants, ne peut être réglée que par sa loi nationale. On ne porte aucune atteinte ni à l'ordre public ni aux bonnes mœurs en permettant que les descendants ou que les ascendants d'un étranger recueillent sur les biens faisant partie de sa succession à titre de portion légitime, par exemple deux tiers ou un tiers des immeubles, tandis que les descendants ou les ascendants d'un national ont droit à une portion plus faible ou plus forte. Dès lors, il est juste que la loi nationale du *de cujus* ait la prépondérance pour déterminer la portion légitime, *quelle que soit la nature des biens, et en quelque pays qu'ils soient situés*. C'est là, du reste, le principe consacré par le législateur italien.

24. Le troisième objet auquel est applicable la loi nationale a

trait à la validité *intrinsèque* des dispositions, en d'autres termes, à leur substance. Ainsi le testament fait par une personne appartenant à un Etat où le Droit romain est en vigueur devra contenir l'institution d'héritier pour être valable, même relativement aux biens situés en Italie, bien que le Code civil italien n'exige pas cette formalité (1).

Réciproquement, sera efficace relativement à ces mêmes biens l'exhérédation faite par un étranger, aux termes de sa loi nationale, ainsi par exemple l'exhérédation faite par un Autrichien au détriment de son fils ou de son père (2), bien que la loi italienne, s'éloignant en cela du droit romain et de plusieurs des anciens codes des Etats de l'Italie, ne permette plus une telle exhérédation. Toutefois si l'exhérédation avait eu lieu pour cause d'apostasie d'une religion (1), les tribunaux italiens ne pourraient pas la déclarer valable, ni lui faire produire des effets en Italie. Autrement on violerait le principe de la liberté de conscience proclamé par le Statut fondamental, principe par application duquel la législation italienne a fait disparaître certaines dispositions sanctionnées par d'autres législations qui y portent atteinte.

25. Comme il appartient à la législation du testateur de régler la validité intrinsèque de ses dispositions, c'est d'après cette loi qu'on devra résoudre les questions relatives à la validité des substitutions. Ainsi, si le testateur était un Français, les substitutions étant indistinctement prohibées par le Code civil français (4), la substitution vulgaire par lui faite ne pourrait avoir aucun effet, pas même pour les biens situés en Italie, bien que le Code civil italien reconnaisse la validité d'une semblable substitution (5). Si le testateur était autorisé par sa loi nationale à faire une substitution pupillaire, ce que arriverait par exemple s'il était Autrichien (6), cette loi produirait son effet pour de semblables biens, quoique la substitution pupillaire n'ait pas été jugée digne de figurer dans le Code civil italien (7).

---

(1) Art. 827.

(2) Le Code civil autrichien permet l'exhérédation dans les cas indiqués aux §§ 768-770.

(3) Cette cause d'exhérédation est admise par le § 768 du Code civil autrichien.

(4) Art. 896.

(5) Art. 895.

(6) Le Code civil autrichien, s'écartant des autres codes, reconnaît la validité des substitutions pupillaires § 609.

(7) C'est ainsi que s'exprimait le Garde des sceaux dans son rapport au roi pour la publication du Code civil. Il disait que cette institution,

26. Par application du principe qu'il appartient à la législation du *de cujus* de régler la validité intrinsèque des dispositions, les tribunaux italiens devraient déclarer valable une substitution fidéicommissaire faite par un Autrichien (1) et ayant pour objet des biens situés en Italie, bien que les substitutions fidéicommissaires soient prohibées par le Code civil italien (2). Toutefois, ce principe souffrant une exception, en vertu de l'art. 12, dans le cas où la loi successorale étrangère serait contraire au Droit public italien, l'héritier substitué pourrait entrer en possession de ces biens comme s'il n'était point tenu de les conserver et les rendre. En d'autres termes, la substitution ne pourrait produire aucun effet à son égard. En effet, les substitutions fidéicommissaires sont contraires au Droit public italien, car elles ont été prohibées comme contraires à l'intérêt économique, qui demande que les propriétés soient libres de toutes entraves qui pourraient faire obstacle à leur prospérité.

27. Relativement aux matières régies par l'article 8, c'est la loi de la nation à laquelle appartenait la personne, au moment de sa mort, qui doit être appliquée. C'est, en effet, à ce moment que s'ouvre la succession. Cette loi devra donc régler la dévolution de la succession, sans qu'on doive tenir aucun compte de la loi à laquelle le défunt était précédemment soumis, comme appartenant à une autre nationalité qu'il a ensuite répudiée.

28. Quant aux autres matières, relatives à la succession, qui ne font pas l'objet de l'art. 8, elles devront être régies par les principes que comporte leur caractère particulier. Ainsi les formes extrinsèques du testament devront être régies d'après les principes consacrés par l'article 9 pour les formalités extrinsèques des actes en général, soit entre-vifs, soit de dernière volonté. Nous nous occuperons de ces formalités dans la suite de cette étude, l'article 8 ne s'occupant que de la validité *intrinsèque* des dispositions. Les mêmes règles recevront leur application pour tous les actes relatifs aux successions légitime et testamentaire.

La capacité de succéder sera réglée par la loi nationale de l'héritier, soit qu'il s'agisse de la capacité absolue ou de la capacité relative (3).

___

considérée comme une émanation directe du droit de puissance paternelle d'après le Droit romain, aux termes duquel la volonté paternelle se substituait à celle du fils impubère dans le testament, n'était pas conforme aux principes du Droit moderne.

(1) Le Code civil autrichien déclare valable les substitutions fidéicommissaires, § 608.

(2) Art. 899 et 900.

(3) V. § 16 de la 2ᵉ partie de la première étude, *Journal* 1880, p. 257.

En effet, l'article 8 a dérogé à l'article 7, ou, pour mieux dire, à la seconde partie de cet article, aux termes de laquelle les biens immeubles sont régis par la loi de leur situation. Mais l'article 6, d'après lequel la capacité est réglée par la loi nationale, est resté intact. Il est bien vrai que *l'ordre de succession*, dont il est parlé dans l'article 8, auquel est applicable la loi nationale du disposant, présuppose la capacité à succéder. Néanmoins, il ne s'ensuit pas que la loi qui régit l'ordre de la succession doive aussi régir la capacité. Étant donnée la capacité de succéder aux termes de la loi nationale de l'héritier, il succédera d'après l'ordre établi par la loi nationale du défunt. Ainsi, si un Italien a des parents français, on décidera d'après la loi française s'ils sont ou non habiles à succéder. Mais s'ils sont reconnus habiles, *l'ordre de la succession* étant réglé par la loi nationale du *de cujus*, l'héritage sera déféré d'après l'ordre établi par la loi italienne.

La capacité de disposer est, comme la succession, réglée par la loi nationale, non pas en vertu de l'article 8 qui n'en fait pas mention, mais en vertu de l'article 6. Dès lors, si la loi de la nation à laquelle appartient le disposant au moment de sa mort ne requiert la capacité de disposer qu'à cette seule époque, elle seule réglera cette capacité ; si, au contraire, cette loi exige que le testateur soit capable, même à l'époque où il a fait son testament, il est nécessaire de faire aussi l'application de la loi de la nation à laquelle le testateur appartenait à cette époque.

29. S'il arrive que la capacité de disposer ou de succéder soit, aux termes de la loi, dépendante des rapports de famille, on devra appliquer la loi qui sert à régler ces rapports, en tant qu'ils influent sur cette capacité. Dès lors, c'est par la loi qui régit les rapports conjugaux (1) que sera déterminée la quotité dont un conjoint peut disposer en faveur de l'autre. De même, c'est d'après la législation qui régit la filiation naturelle (2) que l'on devra décider quelle part de leur succession les parents peuvent laisser à leurs enfants.

30. Nous dirons finalement qu'aux termes du traité de commerce et de navigation conclu le 8 septembre 1868 entre l'Italie et la Régence de Tunis, on a donné une sanction diplomatique au principe de Droit privé international consacré par l'article 8 des dispositions préliminaires du Code civil italien. En effet, il est dit dans l'article 22 de ce traité, que les successions, bien qu'ayant pour objet des biens immobiliers, seront régies par les lois italiennes ou tuni-

---

(1) V. § 22, tit. Ier.
(2) V. § 25, même titre.

siennes, suivant que le défunt appartient à l'une ou l'autre nation. Le même principe a été admis pour les donations, conformément aux termes de l'article 9 des dispositions préliminaires, dont nous parlerons ensuite. Toutefois, il a été disposé que, dans tous les cas, restera réservée la défense de transmettre des biens immeubles à des étrangers qui sont incapables d'en posséder dans le royaume de Tunis.

31. Il est à désirer que le gouvernement italien, jusqu'à ce qu'il ait réussi à faire consacrer diplomatiquement les principes de Droit privé international consacrés par le Code civil italien, profite du renouvellement des traités de commerce déjà échus ou sur le point d'échoir, pour tâcher d'obtenir des autres gouvernements ce qu'il a obtenu du gouvernement de Tunis (1). Tandis que les lois nationales des étrangers relativement à leurs successions reçoivent leur application en Italie, il ne peut en être de même à l'étranger pour les dispositions consacrées par le Code civil italien relativement aux successions des Italiens, les tribunaux de presque tous les pays admettant la maxime, *tot hœreditates quot territoria.*

32. C'est pour ce motif que la jurisprudence italienne se montre indécise dans l'application du principe consacré par le Code civil, lorsque les biens composant la succession sont situés à l'étranger. Les cours d'appel de Gênes et d'Ancône (section de Macerata), par leurs arrêts du 11 avril 1870 et du 17 septembre 1874, avaient admis cette application même pour ces biens, par suite du devoir qui incombe au juge d'appliquer la loi sans s'inquiéter du point de savoir s'il pourra surgir des obstacles à l'exécution de la sentence dans le lieu où sont situés les biens, dans le cas où se trouve en vigueur en ce lieu la maxime précitée (2).

Mais la Cour de cassation de Turin, par ses arrêts du 23 décembre et du 17 juin 1874, a annulé les décisions de ces cours d'appel. Elle a établi la distinction entre les biens situés en Italie et les biens situés à l'étranger. Relativement aux premiers, le national italien peut invoquer la loi nationale du défunt pour l'ordre de la succession et pour la mesure des droits successoraux. Au contraire, pour les autres biens on ne saurait appliquer le principe libéral proclamé par le législateur italien, parce que celui-ci, tout en étant libre d'admettre la loi étrangère, ne pouvait pas imposer ses décisions aux États étrangers. Et, comme les juges ne peuvent aller au delà de la

---

(1) Voir ma monographie intitulée : *Il secondo congresso giuridico italiano e il Diritto privato internazionale.* Rome, 1880.

(2) *Annali della giurisprudenza italiana,* 1870, 3e partie, p. 403. — *Bolletino legale di Macerata,* 1874, 2e partie, p. 39.

volonté du législateur, ils doivent par conséquent laisser régir par la loi de la situation les immeubles situés dans un pays, où la succession immobilière est considérée comme exclusivement territoriale. Les juges, en effet, ainsi que le fait remarquer la Cour de cassation de Turin, ne peuvent rendre des sentences qu'ils savent à *priori* n'avoir aucun moyen de faire exécuter. Tels furent les motifs d'annulation des deux arrêts précités, qui avaient appliqué les dispositions du Code civil italien aux successions de deux citoyens italiens, même pour les biens situés sur le territoire des Etats pontificaux, avant leur réunion au royaume d'Italie, c'est-à-dire situés à l'étranger.

D'après nous, la doctrine consacrée par la Cour de cassation de Turin ne saurait se justifier en aucune façon. Le législateur italien ne s'est pas, comme l'a dit cette Cour, borné à donner un conseil ou un exemple, parce que le pouvoir législatif établit des règles juridiques, c'est-à-dire obligatoires et ne se borne pas à donner des conseils ou des exemples. Il a établi une règle de Droit privé international dont l'application est obligatoire pour les magistrats italiens. Ceux-ci ne peuvent, sans violer le principe qu'*en quelque pays que les biens se trouvent*, la succession est régie par la loi nationale du *de cujus*, distinguer entre les biens situés en Italie et les biens situés en pays étranger. En étendant ce principe à ces derniers biens, on n'impose pas la loi italienne aux Etats étrangers. Il incombera en effet aux tribunaux de ces Etats de ne pas donner force exécutoire aux sentences des tribunaux italiens, dans le cas où leur législateur aura considéré le droit de succession comme exclusivement territorial. A eux seuls appartiendra cette tâche, aussi bien qu'aux autorités italiennes, celle de juger en conformité des lois de leur pays.

Du reste, avec la doctrine consacrée par la Cour de cassation de Turin, loin de continuer à inviter les autres nations à suivre l'exemple à elles donné par la nation italienne (1), on les encourage à ne pas abandonner la maxime traditionnelle : *tot hæreditates quot territoria*. En effet, elles voient persister à l'appliquer même les magistrats d'un Etat dont le pouvoir législatif la reconnaît comme scientifiquement erronée.

----

(1) C'est uniquement à l'égard des nations étrangères que le principe consacré par la législation italienne établit un exemple digne d'être imité; mais pour les magistrats italiens ce principe est, ainsi que nous l'avons déjà dit, une règle juridique, c'est-à-dire une règle obligatoire.

De toute façon, pour écarter toute difficulté, il faut, comme nous l'avons déjà dit, que le gouvernement italien tâche d'obtenir des autres gouvenements ce qu'il a obtenu du gouvernement tunisien. De cette manière, ce principe hardi et libéral, se généralisant peu à peu dans les autres Etats, ne tardera pas à triompher partout, et la nation italienne aura le mérite d'avoir, par son initiative, contribué à l'aplication pratique des principes de la science (1).

TITRE TROISIÉME.

CHAP. Ier. — *Actes extrajudiciaires.*

SOMMAIRE : 65. Relativement à la forme des actes entre vifs et de dernière volonté, le législateur italien a consacré le vieil adage *locus regit actum.*

66. Cet adage a été consacré pour les formes *extrinsèques* et non pour les formes *intrinsèques.*

67. Il ne s'applique pas non plus aux formalités *habilitantes.*

68. La règle *locus regit actum* a été rendue facultative pour les étrangers appartenant à une même nationalité.

69. L'obligation imposée aux étrangers appartenant à des nationalités différentes d'accomplir les formalités extrinsèques prescrites aux termes de la loi locale ne peut se justifier d'aucune manière.

70. Conséquence dérivant de la règle *locus regit actum* consacrée par le législateur italien.

71. Application de cette règle aux obligations contractées par lettres de change.

72-73. Dispositions de la loi allemande sur les lettres de change relativement aux formes des obligations contractées par lettre de change en pays étranger.

74. La faculté accordée aux étrangers appartenant à la même nationalité de se conformer aux formalités prescrites par leur loi nationale est subordonnée à la condition que le Droit public italien ne soit pas violé.

75-76. Dispositions relatives à la forme du mariage des nationaux en pays étranger et des étrangers en Italie.

77. Loi appl. ...abl... à la substance et aux effets des actes de la vie civile; comparaison de cette loi avec la loi qui régit l'état, la capacité des personnes et les rapports de famille.

78-80. Principe consacré par le législateur italien; application de ce principe.

---

(1) Voir monographie citée, *Il secondo congresso giuridico italiano e il diritto privato internazionale.*

81. La théorie que le statut réel doit toujours régir les contrats relatifs aux biens immobiliers est inadmissible.

82. Cette théorie a été repoussée par le législateur italien.

83. Mais les contrats conclus en pays étranger qui doivent être exécutés en Italie ne peuvent pas être régis par des lois étrangères lorsque celles-ci portent atteinte au droit public italien.

84-86. Exemples de l'application de ce principe.

87. Ce que nous venons de dire des immeubles s'applique aussi aux biens meubles.

88. On doit s'en rapporter à la loi que les parties ont choisie comme interprète de leur volonté pour savoir si l'obligation est civile, naturelle, pure ou conditionnelle.

89. Application du principe que cette loi doit aussi servir à régler les effets des obligations.

90. Ce principe est applicable aussi bien aux obligations civiles qu'à celles qui dérivent d'une lettre de change.

91. Les conséquences accidentelles des obligations sont régies par la loi du lieu où elles se manifestent.

92. L'exécution des conventions est réglée par la loi en vigueur dans le pays où elle a lieu.

93. Ce principe a été consacré par la législation italienne.

94. C'est dès lors d'après la loi du lieu de l'exécution du contrat que devront être résolues les questions relatives à l'échéance ou à l'accomplissement des obligations.

95. Si le papier-monnaie ou d'autres monnaies fiduciaires ont cours légal au lieu du payement, le payement pourra être fait en papier-monnaie, même dans le cas où il s'agirait d'un contrat conclu dans un pays où il n'existerait aucune crise monétaire.

96. Ce principe n'est pas applicable dans le cas où l'on a expressément stipulé que le payement devrait avoir lieu en espèces métalliques déterminées.

97. Disposition consacrée par le décret-loi du 1er mai 1866.

98. Dérogation partielle à cette disposition faite par la loi du 30 avril 1874.

99. Comment doit avoir lieu le payement lorsque la conclusion du contrat a eu lieu dans un pays où il existe une crise monétaire, mais lorsque ce payement doit être fait dans un pays exempt d'une telle crise.

100. Loi applicable à la substance et aux effets des obligations dérivant des quasi-contrats, des délits et des quasi-délits.

65. Le troisième rapport d'après lequel l'homme est soumis à l'empire de la loi concerne les actes aussi bien extrajudiciaires que judiciaires. Nous nous occuperons des actes extrajudiciaires dans le présent chapitre et des actes judiciaires dans le chapitre suivant.

Les législations des différents pays non seulement règlent la capacité d'accomplir les actes entre vifs et de dernière volonté, mais encore fixent les formes dont ces actes doivent être revêtus pour avoir une force juridique. Mais par suite des manières différentes dont elles déterminent ces formes, elles donnent constamment naissance à des questions de droit privé international.

Le législateur italien a formulé à ce sujet la règle suivante dans l'article 9 des dispositions préliminaires du Code civil : « *Les formes* « *extrinsèques* des actes entre vifs et de dernière volonté sont dé- « terminées par la loi du lieu où ils sont faits. Il est cependant « facultatif pour les disposants ou pour les contractants de suivre « les formes de leur loi nationale, pourvu que celle-ci soit commune « à toutes les parties. » Cet article consacre le vieil adage *locus regit actum*, qui constitue une règle indiscutée de droit privé international, aux termes de laquelle un acte est valable et a une force juridique en tous lieux, aussi bien pour les meubles que pour les immeubles, à la condition qu'on ait employé les formes requises par la loi du lieu où l'acte a été passé, bien que ces formes diffèrent de celles établies par les lois des autres États (1).

66. La règle *locus regit actum* a été consacrée pour les *formes extrinsèques* des actes entre vifs et de dernière volonté, c'est-à-dire pour les formes appelées par les auteurs *probantes* ou *instrumentaires*, parce qu'elles sont établies pour servir de preuve aux actes eux-mêmes. Le mot *extrinsèque* suppose qu'il y a des formes *intrinsèques*, auxquelles on donne aussi le nom de *viscérales*. Ce sont celles, dit Merlin, qui constituent l'essence de l'acte, qui lui donnent l'existence, *dant esse contractui*, et sans lesquelles l'acte ne peut point exister. Tels sont dans tous les contrats, le consentement des parties; dans la vente, la chose et le prix; dans le prêt de consommation, la tradition de la chose qui en fait l'objet. Les formalités appelées *intrinsèques*, comme le fait justement observer

(1) Le *Code civil* français n'a consacré par aucune disposition générale la règle *locus regit actum*, toutefois il l'a admise dans certaines dispositions spéciales (art. 47, 170, 999). Le législateur belge a fait de même dans la loi hypothécaire (art. 77).

La même règle a été textuellement consacrée par les Codes de Prusse, de Bavière, de Wurtemberg, de Hollande, de Berne, de Fribourg, de Lucerne, de Louisiane. (V. Fœlix, *cit.*, t. I, n° 85.)

Cette règle a aussi été admise en Angleterre et aux États-Unis. Toutefois comme les légistes anglo-américains procèdent plutôt par précédents que par principes, ils n'ont aucune doctrine certaine sur l'adage traditionnel. (V. Laurent, *Droit civil international*, t. II, § 256.)

Laurent, n'ont rien de commun avec les formes dites *extrinsèques*, et dès lors sont à tort ainsi appelées. Celles énumérées par Merlin sont les conditions requises pour l'existence de la *convention*. Lorsque l'une de ces conditions fait défaut, le contrat est radicalement nul, ou bien, comme on dit, inexistant. Au contraire, les formes *extrinsèques* ne sont requises que pour la validité de l'*acte*, et l'acte, en général, n'est rédigé que pour procurer aux parties une preuve littérale des faits juridiques. Quand l'acte est nul en la forme, il ne peut pas servir de preuve; ce qui n'empêche pas que le fait juridique ne soit valable, si on a accompli les formalités requises pour sa validité et pour son existence (1).

Les formes intrinsèques appartiennent à la *substance* des actes entre vifs et de dernière volonté, dont, il est traité, aussi bien que des effets desdits actes, dans la seconde partie de l'article 9 que nous venons de rapporter. Nous nous en occuperons dans la suite de ce travail.

67. La règle *locus regit actum* ne s'applique pas non plus aux formes que les auteurs appellent *habilitantes*. Ces formes sont celles que le législateur établit relativement à la capacité des personnes qui figurent dans un acte juridique. Elles sont dites *habilitantes*, parce qu'elles sont destinées à rendre les personnes habiles à accomplir cet acte. Telles sont par exemple : l'autorisation maritale, nécessaire à la femme mariée pour accomplir certains actes de la vie civile ; l'autorisation du conseil de famille, et parfois l'homologation du tribunal, nécessaire pour la validité des actes du tuteur dans l'intérêt du mineur. Les formes *habilitantes* sont une dépendance de la capacité des personnnes pour lesquelles elles ont été établies. Aussi la loi nationale de la personne pour la capacité de laquelle ces formes sont requises exerce-t-elle à leur sujet son empire d'après les règles qui ont été exposées au titre précédent (voir § 8).

68. C'est dès lors uniquement pour les *formes extrinsèques* que le législateur Italien a consacré la règle *locus regit actum*.

Toutefois il l'a rendue facultative, dans le cas où il s'agit d'étrangers appartenant à la même nationalité. En effet il a laissé, « la faculté aux disposants et aux contractants de suivre les formes de leur loi nationale, pourvu que celle-ci soit commune à toutes les parties », ce qui équivaut à dire que cette règle a été rendue impérative ou obligatoire dans le cas où il s'agit d'étrangers de différentes nationalités, aussi bien que dans les cas (et cela va de soi),

----

(1) Laurent, *cit.*, t. II § 233.

où les disposants ou contractants sont tous Italiens, les formes extrinsèques étant indépendantes de leur volonté.

Un membre de la commission de coordination soutenait qu'on ne devait pas défendre d'une façon absolue aux parties de s'en rapporter à la loi nationale de l'une d'elles seulement.

Il disait, qu'il fallait laisser aux magistrats le soin de décider suivant les nombreuses différences possibles des divers cas; qu'il était toujours dangereux de résoudre par une mesure générale des cas complexes. Il proposait, que, sans distinguer entre les contractants appartenant au même pays étranger et les contractants appartenant à des pays différents, l'on établit que les parties auraient la faculté de suivre même à l'étranger les formes établies par leur propre loi nationale. Cette proposition ne fut pas admise, par le motif que, « d'une part, quand les contractants seraient en litige, « on aurait tout d'abord à examiner quelle serait la loi ou quelle « serait la teneur de la loi du pays de chacun d'eux, et qu'on ouvri- « rait ainsi le champ à une foule d'incertitudes et à de très graves « difficultés. D'autre part, on ne leur impose pas une trop lourde « sujétion quand on veut que, pour éviter les difficultés, ils se con- « forment, pour la forme extérieure de l'acte, à la loi du lieu où cet « acte est passé (1).

69. D'après nous, on ne peut justifier d'aucune manière l'obligation imposée aux étrangers qui n'appartiennent pas tous à la même nationalité de revêtir l'acte des formes extrinsèques requises par la loi locale. En effet parmi les motifs qui ont fait prévaloir la règle *locus regit actum*, le principal est, qu'elle a pour but de favoriser les étrangers, parce que parfois il est impossible pour une personne qui se trouve en pays étranger d'observer les formes prescrites par sa loi nationale. Savigny cite l'exemple d'un Prussien qui, tombant malade en France, y veut faire un testament. S'il devait se conformer aux formalités prescrites par sa loi nationale, il devrait recourir à l'intervention d'un tribunal, puisqu'aux termes du Code prussien il est prescrit de faire les testaments en justice. Mais en France aucun tribunal n'a qualité pour concourir à la confection d'un testament (2). Dès lors le Prussien se trouverait dans l'impossibilité de tester, et devrait, contrairement à sa volonté, mourir intestat. C'est pour ce motif, que l'étranger a la faculté de se conformer aux formalités prescrites par la loi locale. Ainsi, pour en revenir à notre

(1) Voir les procés-verbaux de la commission de coordination, p. 636.
(2) Il en est de même en Italie où le Code civil n'admet que le testament olographe et le testament par acte notarié (art. 774).

exemple, la Prussien peut faire un testament en se conformant aux prescriptions du Code civil français et son testament sera reconnu valable même en Prusse. Il n'est pas, en effet, admissible qu'une loi soit obligatoire pour les nationaux, quand il leur est impossible de l'observer.

Mais si cette impossibilité n'existe pas, il doit être loisible pour l'étranger de ne pas se conformer à la loi locale, et de s'en tenir aux prescriptions de celle de son pays. L'étranger doit dès lors être libre de renoncer à la faveur que lui procure la règle *locus regit actum*, sans distinguer entre le cas où il s'oblige envers un autre étranger appartenant à la même nationalité que lui, et celui où il s'oblige envers un étranger d'une autre nationalité, cette distinction n'ayant aucun fondement juridique. Pour prendre un exemple, pour quelle raison un Prussien qui s'oblige en Italie envers un autre Prussien ne sera-t-il pas forcé de revêtir le contrat des formes extrinsèques établies par les lois italiennes, et aura-t-il la faculté d'adopter les formes requises par la loi de son pays, et pourquoi, au contraire, sera-t-il dans l'obligation d'adopter les formes extrinsèques prescrites par le législateur italien, lorsque son cocontractant, au lieu d'être Prussien, sera soit Autrichien, soit Anglais, soit de toute autre nationalité? Il n'y a aucune raison d'ordre public pour exiger de la part de l'étranger l'observation des formes extrinsèques des actes. Cela est tellement vrai, que dans le cas où il s'agit d'étrangers qui appartiennent à la même nationalité, la loi *locus regit actum* n'est plus impérative.

Au surplus, l'intérêt des conventions civiles et commerciales exige, qu'au lieu d'être entravées, elles soient au contraire, autant que possible, facilitées. Or, ce but n'est pas atteint par l'obligation imposée à l'étranger, avant de contracter avec un autre étranger qui n'est pas son national, de s'enquérir des dispositions des lois locales, qui peuvent être rédigées en une langue que ni lui ni son co-contractant ne connaissent point. Il est dès lors convenable de ne mettre aucun obstacle à la conclusion des contrats entre étrangers de nationalités distinctes, et de leur laisser la faculté de se conformer aux formalités prescrites par la loi nationale de l'un quelconque d'entre eux. Les lois de deux étrangers, bien qu'émanant de législateurs distincts, pourraient bien exiger les mêmes formalités. Pourquoi alors ne serait-il pas permis aux contractants de ne pas se conformer aux formalités exigées par la loi locale, qu'ils peuvent ignorer, parce qu'ils ne se trouvent que de passage au lieu du contrat, mais de s'en tenir aux prescriptions non pas de la loi qui leur est commune, puisqu'ils ne sont pas soumis au même souverain, mais à celles de leurs deux législations, entre lesquelles il n'existe aucune différence ? Ainsi, par exemple, il n'y a aucune raison pour que deux étrangers appartenant à la même nationalité puissent faire un contrat sous seing privé, parce que la loi de leur pays le leur permet, bien que la loi italienne exige un acte authentique ; tandis qu'au contraire, la même chose ne soit pas permise à deux étrangers de nationalité différente, bien que la loi de l'un aussi bien que celle de l'autre s'accordent à déclarer que l'acte sous seing privé suffit pour la validité du contrat.

70. De la règle *locus regit actum*, consacrée par le législateur italien pour toute sorte d'actes entre vifs et de dernière volonté, découle la conséquence que, si dans le lieu de la passation de l'acte, on prescrit sous peine de nullité une forme donnée, cet acte devra, s'il n'est pas revêtu de cette forme, être déclaré nul par les tribunaux italiens, bien que la législation italienne n'exige pas la même formalité. Ainsi par exemple, les tribunaux italiens devraient statuer dans ce sens, s'il s'agissait d'une hypothèque conventionnelle établie en France par acte sous seing privé, le Code civil français disposant que l'hypothèque ne peut être établie autrement que par acte authentique passé devant deux notaires ou devant un notaire assisté de deux témoins (1), quoique le Code civil italien permette la constitution d'hypothéquer même par acte sous seing privé (2). Au contraire, si l'acte est reconnu valable là où il est passé, comme dans le cas d'un testament nuncupatif fait en Autriche, (ce testament étant admis par le Code civil autrichien (3), il devra également être reconnu valable en Italie, bien que la législation italienne, aussi bien que d'autres législations, s'éloignant sur ce point du Droit romain, ne reconnaisse que deux formes de testaments, le testament olographe et le testament par acte notarié.

71. La règle *locus regit actum*, étant générale, s'applique aussi bien aux obligations civiles qu'aux obligations contractées par lettre de change, de la même façon qu'à ces deux sortes d'obligations s'applique le principe générique que la capacité est réglée par la loi nationale (voir titre 1er, § 17). Nous devons dès lors poser comme un principe en matière de droit commercial international, que toute obligation par voie de lettre de change, relativement aux formes *extrinsèques*, est régie par la loi du lieu où a été rédigé l'acte qui lui a donné naissance. Dès lors, lorsque l'émission, l'acceptation, les endossements, les avals d'une lettre de change ont eu lieu sous l'em-

---

(1) Art. 2127.
(2) Art. 1314.
(3) §§ 585 et 588.

pire de lois différentes, il faudra, pour la validité de chacune des obligations dérivant de ces divers actes qu'on ait observé les formes extrinsèques considérées comme essentielles par la loi en vigueur dans le pays où ces divers actes ont été passés (1).

En vertu de la faculté accordée par la législation italienne aux étrangers appartenant à la même nationalité de se conformer aux formalités prescrites par leur loi nationale, un étranger pourrait s'obliger par lettre de change envers un de ses concitoyens, en observant les lois de son pays relativement aux conditions requises pour la validité de l'acte qui donne naissance à l'obligation. Par exemple, serait valable une lettre de change émise ou endossée en Italie par un Allemand en faveur d'un autre Allemand, quand même elle necontiendrait pas la mention de la valeur reçue. En effet, si cette mention est nécessaire aux termes du Code de commerce italien (2) et d'autres législations (3), il en est autrement aux termes de la loi allemande sur la lettre de change (4), conforme en cela au droit Anglo-Américain.

72. Cette loi s'est occupée spécialement des formes des obligations par lettre de change conclues en pays étranger. Elle établit que les formalités essentielles de ces obligations sont déterminées par la législation en vigueur au lieu où elles sont passées, et consacre ainsi la règle *locus regit actum*. Toutefois, dans cette loi on trouve la disposition complémentaire suivante : « *Lorsque cependant* « les lettres de change émises dans un Etat étranger rempliront les « conditions exigées par la loi allemande, on ne pourra invoquer au- « cune exception contre la force légale des mentions faites ensuite « sur la lettre de change dans les Etats allemands, en se fondant « sur ce qu'elles sont défectueuses d'après la loi étrangère. » Dès lors les tribunaux des pays où la loi allemande est en vigueur devraient déclarer sans valeur les obligations dérivant d'une lettre de change contractée en pays étranger si cet effet ne remplit pas les conditions essentielles aux termes de la loi en vigueur dans ce pays. Ainsi, par exemple, ils devraient considérer comme sans

---

(1) Voir tit. III de notre *Diritto cambiario internazionale,* où l'on trouve de nombreux exemples de l'application de ce principe, exemples résultant de la dissemblance des diverses lois relatives aux lettres de change.

(2) Art. 196, 5°.

(3) Voir notre ouvrage précité, tit. III, § 13, note 1.

(4) §§ 4 et 12.

valeur juridique une lettre de change souscrite en Italie et ne con-
tenant pas la mention de la valeur reçue, cette mention étant, ainsi
que nous l'avons dit plus haut, nécessaire aux termes de la loi italienne. Toutefois, dans le cas où cette lettre de change aurait ensuite été négociée dans un pays régi par la loi allemande, en observant les formalités de cette loi, les endossements seraient valables, bien que l'obligation primitive du tireur ne puisse pas être
considérée comme ayant le caractère d'une obligation dérivant
d'une lettre de change. Cette solution est raisonnable, parce que
tout endossement constitue une sorte d'émission de lettre de change,
et que tout endosseur peut être considéré comme un tireur relativement à la personne à l'ordre de laquelle il endosse cette valeur.
En effet, il intervient un nouveau contrat de change, comme celui
qui avait été précédemment conclu entre le tireur et le preneur (1).
Du reste, chacun des contrats, dont la lettre de change constitue la
preuve, a une vie propre et personnelle, l'existence de chaque contrat étant indépendante de celle des autres qui l'ont précédée ou
suivie. Dès lors, l'obligation d'un des débiteurs obligés par suite
d'une lettre de change peut très bien n'avoir aucune force, tandis
que celle d'un autre sera efficace. De là il résulte que, lorsque
l'émission de la lettre de change n'est pas valable, on ne doit pas
par cela même déclarer sans valeur les endossements successifs,
pour lesquels ont été observées les formes requises par les lois des
pays où ils ont eu lieu. Si, en effet, on met de côté l'obligation
primitive du tireur, sa place est prise dans la chaine des obligés
par l'obligation du premier endosseur, et dans le cas où celle-ci ne
serait pas valable, cette place est prise par l'endosseur suivant.

Cette disposition de la loi allemande, de la façon dont elle est
conçue, semble constituer une exception à la règle *locus regit actum*
précédemment consacrée par cette même loi. Toutefois, en réalité,
elle n'est que l'application de cette règle. En effet, aux termes
mêmes de cette règle, les formes extérieures des obligations dérivant
des lettres de change étant régies par la loi du lieu où elles ont été
conclues, il en résulte que lorsqu'une de ces obligations remplit les
conditions considérées comme essentielles aux termes de la loi du

---

(1) Ce principe que tout endosseur est considéré relativement aux
endosseurs successifs comme un nouveau tireur est expressément consacré en droit anglais. (Voir Hœchster et Sacré, *cit.*, p. 519). Il a été
aussi consacré par la jurisprudence italienne (voir l'arrêt de la Cour
de cassation de Florence du 23 décembre 1862. Bettini-Giuriati, *Giurisprudenza italiana*, t. XVI, 2ᵉ partie, p. 418).

E.   3

pays où elle a pris naissance, elle doit être juridiquement obligatoire, quand même les obligations qui l'ont précédée seraient nulles (1). Aussi, croyons-nous que cette disposition a été implicitement admise par le législateur italien, comme étant comprise dans la règle *locus regit actum*, par lui consacrée d'une façon générale pour les actes entre vifs et de dernière volonté. Dès lors, dans l'hypothèse d'une lettre de change souscrite en pays étranger, les tribunaux doivent d'une part déclarer sans valeur l'obligation du tireur en cas d'inobservation des conditions considérées comme essentielles d'après la loi locale, mais d'autre part, ils devront déclarer valables les endossements faits en Italie en observant les formes requises par le législateur italien.

73. Le législateur allemand a aussi rendu l'adage *locus regit actum* facultatif, mais seulement pour les nationaux qui se trouvent en pays étrangers, et qui s'obligent envers leurs concitoyens. Les obligations ainsi contractées sont valables en matière de lettres de change, dans le cas où les parties ne s'y seraient conformées qu'aux dispositions de la loi allemande (2). De cette façon, cet adage a été en premier lieu rendu impératif pour les citoyens allemands, qui à l'étranger s'obligent envers des personnes appartenant à d'autres nationalités. En second lieu, il a été rendu impératif pour les étrangers qui font des opérations de change dans un pays soumis à la loi allemande sur les lettres de change, même avec leurs propres concitoyens. Dès lors ce législateur laisse aux étrangers une moins grande liberté que celle qui leur est accordée par le législateur italien, qui, dans ce cas, leur laisse la faculté d'observer les formes prescrites par leur loi nationale.

74. Cette faculté, en vertu de la restriction dont nous avons déjà parlé plusieurs fois, est subordonnée à la condition que le droit public italien ne reçoive aucune atteinte. Supposons la stipulation d'un contrat entre plusieurs étrangers, dont la loi exige uniquement un acte sous seing privé, ou un acte public pour qu'il soit valable aussi bien à l'égard des contractants qu'à l'égard des tiers. Dans le cas où l'objet du contrat serait un immeuble situé en Italie, les contractants devraient observer les formalités prescrites par le Code civil italien. Ainsi, par exemple, serait obligatoire pour eux et non simplement facultative l'observation des dispositions du Code civil italien relati-

---

(1) Voir Cattaneo, *La legge universale di cambio in vigore nella monarchia austriaca e negli stati di germani*, v° 701.

(2) Art. 85, 2ᵉ alinéa.

ves à la transcription (1), observation qui devrait avoir lieu même dans le cas où le contrat aurait été conclu à l'étranger. De même, des étrangers, bien qu'appartenant à la même nationalité, ne pourraient pas se soustraire à l'accomplissement des formalités relatives au régime hypothéquaire, soit qu'il s'agisse de contrats conclus en Italie ou bien de conventions passées à l'étranger, si ces contrats ou ces conventions avaient trait à des immeubles situés en Italie (2). En effet, ainsi qu'on le lit dans le rapport sur le projet du troisième livre du Code civil italien présenté au Sénat par le Garde des Sceaux Pisanelli dans la séance du 26 novembre 1863, les dispositions relatives à la transcription et au régime hypothéquaire ont pour objet de faciliter les institutions de crédit foncier, de dégager la propriété immobilière d'entraves assujettissantes, qui loin de la protéger avaient pour effet d'en diminuer la valeur, et de rendre plus faciles les stipulations relatives aux immeubles en assurant les droits acquis. En d'autres termes, ces dispositions intéressent l'économie publique et la généralité des propriétaires du territoire ; dès lors elles font partie du droit public et sont applicables aussi bien aux nationaux qu'aux étrangers.

75. Le législateur italien s'est occupé d'une façon spéciale du mariage des nationaux en pays étranger et des étrangers en Italie, non seulement pour ce qui a trait à la capacité des contractants, (voir titre 1er, §§ 28, 29 de cette étude), mais encore pour ce qui a trait aux formes dont il doit être revêtu. L'article 100 du Code civil est ainsi conçu : « Le mariage passé en pays étranger entre citoyens, « ou entre un citoyen et un étranger, est valable, pourvu qu'il soit « célébré suivant les formes établies dans ce pays. » Cette disposition est une application de la règle *locus regit actum*, consacrée d'une façon générale par l'article 9 des dispositions préliminaires.

Mais si les contractants étaient des citoyens, ils auraient la faculté de faire recevoir les actes de mariage, de même que ceux de naissance et de décès, par les agents diplomatiques et consulaires italiens, à la condition d'observer les formes établies par le Code civil italien. C'est là un principe consacré par l'article 368 du Code civil italien. L'article 367 qui le précède dispose que les actes de l'état civil accomplis en pays étranger font foi lorsqu'on a observé les formalités prescrites par les lois locales. La qualité d'officier de l'état civil pour les nationaux est attribuée aux consuls par l'article 29 de la loi consulaire italienne du 28 janvier 1866. Cet article dispose

____

(1) Art. 1932-1937.
(2) Voir articles 1979, 1981 et suiv.

que ces fonctionnaires reçoivent en cette qualité, lorsqu'ils en sont réquis, les actes de naissance, de mariage et de décès des citoyens italiens, et les déclarations relatives à la nationalité, en observant les formes prescrites, et qu'ils en transmettent dans les trois mois une copie authentique au ministre des affaires étrangères. Ils peuvent encore, ajoute cet article, recevoir les actes de mariage entre un italien et une étrangère dans le cas où les usages ou les coutumes locales le permettent (1).

L'article 100 du Code civil italien, dans son second alinéa, déroge en partie à la règle *locus regit actum*, en établissant que, « les publications pour le mariage en pays étranger entre un citoyen et un « autre citoyen, ou bien entre un citoyen et un étranger, doivent « aussi avoir lieu en Italie, dans la forme des articles 70 et 71 (c'est- « à-dire par les soins de l'officier de l'état civil dans la commune où « chacun des époux a sa résidence). Si le futur qui est citoyen n'a « pas de résidence en Italie, les publications se feront dans la com- « mune du dernier domicile.» Il s'agit là de formalités requises dans un intérêt public, afin d'empêcher de contracter des mariages contraires aux prohibitions de la loi, dont l'observation n'est pas impossible pour les nationaux en pays étranger. L'article 101 impose ensuite au national, qui a contracté mariage à l'étranger, l'obligation dans les trois mois de son retour en Italie de faire inscrire cet acte sur les registres de l'état civil de la commune où il vient résider, sous peine d'une amende, dont le maximum est de cent francs.

Il est à noter que l'article 100, tel qu'il nous avait été proposé par le garde des sceaux Pisanelli, correspondait à l'article 170 du Code civil français, qui est ainsi conçu : « Le mariage contracté en pays « étranger entre Français, et entre Français et étrangers, sera vala- « ble s'il a été célébré dans les formes usitées dans le pays, pourvu « qu'il ait été précédé des publications prescrites à l'article 63, *au* « *titre des actes de l'état civil*, et que le Français n'ait pas contre- « venu aux dispositions contenues au chapitre précédent. » La com- mission du sénat fit justement observer que de cette disposition on pouvait induire que le défaut de publications en Italie devait rendre nul le mariage contracté à l'étranger par un national. Mais cette conséquence, qui fut admise en France, serait excessive.

En effet, l'omission des publications ne rend pas nul le mariage

----

(1) Voir notre ouvrage intitulé : *Diritto diplomatico e giuridizione internazionale marittima*, t. II, 1re partie, des consulats, tit. VII, ch. II, dans lequel nous traitons des fonctions des consuls comme officiers de l'état civil.

contracté en Italie et ne fait que rendre passible d'une amende
les conjoints qui s'en sont rendus coupables (art. 123 du Code civil
ital.), et il ne serait pas rationnel que cette omission emportât la
nullité du mariage contracté par un national en pays étranger. Aussi,
la commission résolut-elle de modifier cette disposition, en ce sens
que le défaut de publication n'eût aucune influence sur la validité
du mariage (1). Cette modification fut réalisée. En effet, l'article 100
se compose de deux parties. Dans la première on fait dépendre la
validité du mariage de l'observation des lois locales et de celle des
dispositions relatives à la capacité du national. Dans la seconde on
établit la nécessité des publications, sans en faire dépendre la
validité du mariage.

76. Quant à l'étranger qui désire contracter mariage en Italie,
notre législateur a voulu l'empêcher de contrevenir aux lois de sa
nation, qui règlent sa capacité personnelle, lois auxquelles nous avons
vu qu'il est soumis aux termes de l'article 102 de notre Code civil
(voir titre 1er § 29 de cette étude). Aussi, aux termes de l'article
103 du Code civil italien, est-il tenu : « De présenter à l'officier de
« l'état civil une déclaration de l'autorité compétente du pays au-
« quel il appartient, de laquelle il résulte qu'aux termes des lois
« dont il dépend rien ne s'oppose au mariage projeté. »

« Si l'étranger est résident dans le royaume, il *doit* en outre faire
« exécuter les publications selon les dispositions de ce Code. » De
cette façon la règle *locus regit actum* a été rendue non simplement
facultative, mais impérative pour l'étranger qui veut contracter mariage en Italie, puisqu'il doit faire procéder aux publications d'a-
près la loi locale et non pas d'après la loi de son pays. Les publications, ainsi que nous l'avons déjà dit, constituent des formalités
concernant l'intérêt public. Dès lors, il est juste qu'elles soient imposées même aux étrangers.

77. Les lois de toutes les nations, non seulement déterminent la
capacité nécessaire pour accomplir les actes entre vifs et de dernière volonté ainsi que les formes dont ils doivent être revêtus, mais
encore consacrent des dispositions relatives à la substance et aux
effets de ces actes et règlent les rapports individuels qui en dérivent. Ce qui appartient à la substance d'un acte, ce sont surtout les
éléments constitutifs de cet acte, en d'autres termes les conditions
essentielles requises pour son existence, appelées improprement par
les auteurs formes *intrinsèques* pour les opposer aux formes *ex-*

---

(1) Rapport de la comission sénatoriale sur le projet du livre 1er du
Code civil.

trinsèques, dont nous avons parlé jusqu'ici (voir § 66). Ces conditions ne peuvent donner lieu à aucune question de droit privé international, car, résultant de l'essence de l'acte, qui est invariable, elles sont également déterminées par toutes les législations.

Font encore partie de la substance de l'acte les conditions qui, sans en constituer l'essence, résultent de la volonté des parties, qui se manifeste de leur part d'une façon plutôt que d'une autre, et rendent, suivant les cas, différentes la nature et la portée de l'acte accompli. Les effets de ces conditions consistent dans les conséquences juridiques que l'acte produit, en attribuant des droits et des obligations réciproques aux parties.

Nous allons examiner de quelle façon on doit résoudre les conflits des diverses législations relatifs à la substance et aux effets des actes de la vie civile.

Les actes de la vie civile ne sont que de libres manifestations de notre volonté, par lesquelles nous transmettons les droits qui nous appartiennent, nous disposons de nos biens ou de nos actes, en engageant notre activité en faveur d'autrui, comme dans les cas où nous nous obligeons à faire ou bien à ne pas faire une certaine chose. Dès lors, il est nécessaire de rechercher quelle a été la volonté des disposants ou des contractants, pour connaître la portée ou la nature intrinsèque d'une disposition ou d'une convention et pour déterminer les effets qui en dérivent. Mais si la plupart du temps cette volonté est claire et manifeste, il n'est pas rare néanmoins qu'elle soit incertaine, parce qu'elle n'a pas été exprimée clairement, ou bien parce que les disposants ou les contractants ont gardé le silence sur certains points. Aussi les législateurs de tous les pays, remplissant le rôle d'interprètes, établirent-ils des règles pour déterminer quelle a été l'intention des parties, afin qu'on puisse préciser la nature et la portée de l'acte accompli et les effets qui en dérivent. Mais d'autre part, outre cette interprétation de la volonté des parties, les divers législateurs règlent les dispositions et les conventions de façon à ce qu'elles ne portent aucune atteinte aux droits dérivant des rapports de famille, pas plus qu'à l'ordre public ou aux bonnes mœurs.

Ainsi, à la condition que les actes soient passés par des personnes capables et en faveur de personnes également capables, qu'on n'ait pas dépassé les limites fixées par la loi, et que l'acte accompli réunisse les conditions essentielles tant extrinsèques qu'intrinsèques requises pour son existence, les actes dépendent entièrement de la volonté des disposants et des contractants, qui peuvent manifester cette volonté de la façon qu'il croient la meilleure pour servir leurs ntérêts

De là, il résulte que les actes de la vie civile, pour ce qui est de leur nature, de leur substance intrinsèque, de leurs effets, ne peuvent pas, relativement à la loi qui doit leur être appliquée, être assimilés à l'état et à la capacité des personnes ni aux rapports de famille. L'état et la capacité des personnes aussi bien que les rapports de famille sont toujours régis par la loi de la nation à laquelle les personnes appartiennent, loi obligatoire, à laquelle les nationaux ne peuvent en aucune façon déroger, pas plus dans leur patrie qu'en pays étranger, parce qu'il ne dépend pas de leur volonté d'altérer ou de rejeter l'état et la capacité personnels et les rapports de famille.

. C'est là une partie du droit privé de l'étranger qu'on appelle *nécessaire*, parce que l'application en est strictement obligatoire. En effet l'état et la capacité des personnes, aussi bien que les rapports de famille, sont comme le miroir dans lequel se réfléchit la nationalité, et changent suivant que la personne appartient à une nationalité plutôt qu'à une autre. De même qu'un individu ne saurait renoncer aux droits personnels ou de famille dépendant de sa propre nationalité, de même les souverainetés des autres États qui l'accueillent doivent le recevoir avec ces droits ou bien refuser de l'admettre sur leur territoire.

Au contraire, les lois ayant pour objet l'interprétation des volontés des disposants ou des contractants sont facultatives et nullement obligatoires. Elles ne s'appliquent, en effet, que dans les cas où la volonté des parties n'a pas été clairement exprimée, ou dans celui où les parties ont gardé le silence. Si le législateur établit des règles, ce n'est point pour les imposer aux disposants ou aux contractants; il n'entend pas les enchaîner, il ne fait que prévoir quelle est leur volonté, les laissant libres d'avoir d'autres intentions que celles que la loi a supposé devoir être les leurs. C'est là une partie du droit privé de l'étranger à laquelle on donne le nom de *volontaire*, pour la distinguer de la partie *nécessaire*, dont nous avons parlé précédemment.

Aussi, les nations doivent-elles s'abstenir d'imposer l'autorité de leurs lois aux étrangers, et, respectant leurs nationalités, les laisser soumis à la loi de leur pays pour l'état et la capacité personnels, pour les rapports de famille aussi bien que pour les matières qui y sont étroitement liées, telles que les successions légitimes et testamentaires (voir §§ 54, 55 et 56). Au contraire, pour rendre hommage à la liberté de l'étranger pour tout ce qui dépend de sa volonté, pour rendre hommage à son *autonomie*, comme disent les auteurs allemands, ou à la souveraineté pour toutes les matières dans lesquelles les parties se font elles-mêmes leurs lois, leur volonté leur en tenant lieu (1), les nations doivent laisser aux disposants et aux contractants la faculté de soumettre les actes qu'ils passent aux dispositions législatives qu'ils ont choisies, et présumer seulement, dans le cas de silence des parties, qu'elles ont voulu s'en référer ou bien à leur loi nationale, ou bien à la loi du lieu où l'acte a été accompli, ou encore à une autre loi, qui sera choisie pour servir à interpréter leur volonté.

78. En partant de ces considérations, le législateur italien a posé la règle suivante dans la seconde partie de l'article 9 des dispositions préliminaires du Code civil : « La substance et les effets des donations « et des dispositions de dernière volonté *sont réputés ré* 〉 par la « loi nationale des disposants. La substance et les effets ⸺ obliga- « tions *sont réputés* réglés par la loi du lieu où les actes ont été faits, « et, si les contractants appartiennent à une même nation, par leur « loi nationale. *Est réservée en tout cas la démonstration d'une vo-* « *lonté différente* » (2).

La substance et les effets des donations et des dispositions de dernière volonté sont réputés réglés par la loi nationale des disposants par suite de la présomption rationnelle qu'un donateur ou un testateur veut s'en référer à la loi de sa propre nation plutôt qu'à celle en vigueur au lieu de la donation ou du testament ou dans le pays où se trouvent les biens qui en forment l'objet, ces lois pouvant être complètement ignorées par lui. Mais cette présomption appartient à la catégorie des présomptions dites *juris*, lesquelles admettent la preuve du contraire. Lorsqu'on ne peut pas mettre en doute que le donateur ou le testateur ont choisi pour interprète de leur volonté une loi étrangère pour les choses qui dépendent de leur volonté, la présomption doit céder la place à la vérité, c'est-à-dire que la loi étrangère doit prévaloir sur la loi nationale. C'est pour ce motif que le législateur italien a prescrit « qu'est réservée en tout cas la dé- « monstration d'une volonté différente. »

Les magistrats italiens devront donc, dans le cas où l'intention du disposant ne sera pas clairement exprimée, résoudre conformément à la loi nationale du donateur, les questions relatives à la substance

____

(1) Toutes les législations consacrent le principe que *suprema lex esto voluntas testatoris*, et que les contrats légalement formés ont force de *loi* pour ceux qui les ont faits. (V. art. 877 et 1123 C. civ. italien.)

(2) Pour les autres législations, voir Fœlix, *cit.*, t. I, n° 119 et suiv

et aux effets de la donation. C'est pourquoi, si cette loi ne considère pas comme absolument nulle la donation des biens futurs, mais la déclare seulement inefficace pour ce qui excède la moitié de ces biens, ainsi que dispose le Code civil autrichien (1), cette disposition pourra être invoquée même pour les biens situés en Italie, quoique le Code italien déclare absolument nulle la donation qui a pour objet des biens futurs (2). Pour prendre un autre exemple, si le donateur était également un Autrichien sans enfants au moment de la donation, mais en ayant eu depuis, il n'appartiendrait pas plus à lui qu'à ses enfants de révoquer la donation. Le donateur ou le fils né depuis la donation auraient seulement en cas d'indigence le droit d'exiger tous les ans les intérêts légaux du capital donné, tant de la part du donataire que de la part de ses héritiers. Telles sont en effet les dispositions du Code civil autrichien (3), qui étant présumées, choisies par le donateur pour interpréter sa volonté, seront appliquées par les magistrats italiens, même aux biens donnés situés en Italie, bien que, aux termes du Code civil italien, la survenance d'enfants soit une cause légitime de révocation de la donation, à tel point qu'on considère comme nulle toute clause ou convention par laquelle le donateur aurait renoncé au droit de révoquer la donation en cas de survenance d'enfants (4).

79. De même, la substance et les effets des dispositions de dernière volonté sont, jusqu'à preuve contraire, réputés régis par la loi nationale du disposant. On parle de la substance des dispositions à titre universel dans l'article 8 des disposition préliminaires du Code civil italien, où il est dit, que la *validité intrinsèque* de ces dispositions est réglée par la loi nationale de la personne de l'hérédité de laquelle il s'agit (voir le titre second de cette étude, § 56). L'article 9 s'applique cependant aux dispositions à titre particulier qui, pour la *substance*, sont, aussi bien que celles à titre universel, régies par la loi nationale du disposant. Dès lors, cette loi devra, entre autres choses, servir à résoudre la question de savoir si la chose léguée peut faire l'objet du testament.

Par exemple, c'est d'après cette loi qu'on dira si le legs de la chose d'autrui est, ou bien n'est pas valable. De même, les modalités des legs seront subordonnées à cette même loi. C'est dès lors d'après elle qu'on devra décider si un legs peut être fait sous la condition de veu-

(1) § 944.
(2) Art. 1066.
(3) § 954 combiné avec le § 947.
(4) Art. 1083 et 1084 C. civ. italien.

vage. Il s'agit là, en effet, d'une question relative à la substance ou à la validité intrinsèque du legs.

La loi nationale du disposant est encore applicable aux effets des dispositions de dernière volonté. Ce principe, consacré par le législateur italien, est applicable aussi bien aux dispositions à titre particulier qu'aux dispositions à titre universel, l'article 8 ne s'étant occupé de celles-ci que relativement à leur *validité intrinsèque*, et en ayant parlé en même temps que de l'ordre de succession et de la mesure des droits successoraux. Pour prendre un exemple, de même que pour savoir si une donation peut être révoquée pour cause de survenance d'enfants, on doit consulter la loi nationale du disposant, de même c'est d'après cette loi qu'on devra décider si ce même fait peut être une cause de révocation des dispositions de dernière volonté tant à titre universel qu'à titre particulier. Ainsi, si le disposant était un Français, une semblable révocation n'aurait pas lieu, même pour les biens situés en Italie, cette cause de révocation n'étant pas admise par le Code civil français, bien qu'elle le soit par le Code civil italien (1). De même on devra décider d'après la loi nationale du disposant si l'héritier acquiert de plein droit la possession de l'hérédité, sans avoir besoin d'une prise de possession matérielle, ou bien si une prise de possession matérielle est nécessaire. Par exemple, si le défunt était Autrichien, le Code civil autrichien exigeant pour l'acquisition de la possession un acte judiciaire formel d'envoi en possession (2), les héritiers ne pourraient pas, même pour les biens situés en Italie, invoquer la disposition du Code civil italien aux termes de laquelle le transfert de la possession à l'héritier a lieu de plein droit, sans qu'il soit besoin d'appréhension matérielle (3). De même, c'est d'après la loi nationale du disposant que devra être résolue la question relative à l'acquisition de la propriété et des fruits de la chose léguée. De même encore c'est d'après cette loi qu'on devra apprécier le droit d'accroissement entre les héritiers et les légataires, la collation entre les héritiers. Le droit d'accroissement et de collation reposant sur la volonté présumée du défunt, on doit appliquer la loi à laquelle on suppose qu'il a voulu se référer, loi qui, jusqu'à preuve contraire, est celle de la nation à laquelle il appartient.

Mais, en tenant compte de la restriction plusieurs fois mention-

---

(1) Art. 888.
(2) §§ 797 et 799.
(3) Art. 925.

née, comment les magistrats italiens pourraient-ils déclarer efficace une substitution fidéicommissaire à titre universel (voir titre II, § 58 de cette étude)? De même ils ne pourraient pas attribuer de force juridique à une substitution fidéicommissaire à titre particulier, faite soit par testament, soit par donation, si elle avait pour objet des biens situés en Italie. De même, devraient être déclarées nulles les dispositions de dernière volonté et les donations faites dans le but de faire des legs ou des libéralités à des bénéfices simples, à des chapelleries laïques ou à d'autres fondations du même genre, ces actes étant, aussi bien que les substitutions fidéicommissaires, contraires au droit public italien, qui les a prohibées pour des raisons d'ordre public (1).

80. La substance et les effets des obligations sont réputés régis par la loi du lieu du contrat, par suite de la présomption que cette loi a été choisie par les parties pour interpréter leur volonté. Mais il a été disposé que, lorsque les contractants étrangers appartiennent à une même nation, c'est leur loi nationale qui est appliquée, car dans ce cas on présume que les contractants n'ont pas voulu s'en référer à la loi du lieu du contrat. Toutefois, même dans ce cas, la preuve du contraire demeure réservée. Supposons que deux Italiens fassent le commerce et résident en Amérique, ou bien supposons le cas contraire, que deux Américains fassent le commerce et résident en Italie. Ils concluent un contrat relatif à leur commerce. Comment peut-on croire que les parties aient songé à leur loi nationale et non pas plutôt à la loi du lieu où ils sont commerçants? S'il s'élève des contestations au sujet de ce contrat, comment pouvoir prétendre avec raison que les tribunaux du lieu où il a été conclu doivent appliquer une loi étrangère, pour la seule raison que les contractants appartiennent à une même nationalité étrangère? Cet exemple a été fourni par un membre de la commission de coordination pour démontrer que l'on ne pouvait pas admettre la règle que la substance et les effets des obligations sont réputés réglés par la loi nationale des contractants, lorsque tous appartiennent à un même pays. Mais la commission admit que dans ces hypothèses il y avait une présomption de volonté contraire, présomption à laquelle fait allusion la fin de la seconde partie de l'article 9 (2).

Lorsque les contractants appartiennent à des nationalités différentes, comme l'essence de toute convention est constituée par l'accord des parties sur tout son contenu (*duorum vel plurium in idem*

(1) Art. 899, 1073, 893, 1075 C. civ. italien.
(2) Voir les procès-verbaux de la commission, p. 638.

placitum consensus), on ne saurait présumer que chacun d'eux s'en soit référé à sa loi nationale, mais on présume que tous deux s'en sont référés à une même loi, celle du lieu du contrat. La preuve d'une volonté contraire reste néanmoins réservée, parce que le lieu du contrat est parfois purement accidentel, étranger à l'essence de l'obligation aussi bien qu'à son développement et qu'à son exécution ultérieure. Qui pourra supposer qu'une personne voyageant à l'étranger et y ayant passé un contrat qui devra s'exécuter à son retour dans sa patrie ait choisi comme interprète de sa volonté la loi du lieu du contrat qui peut lui être complètement inconnue, et n'ait pas voulu au contraire s'en référer à la loi du lieu où la convention doit être exécutée, par suite du principe bien connu, *contraxisse unusquisque in eo loco intelligitur in quo ut solverel se obligavit*(1) Mais il peut fort bien arriver que cette dernière loi ne soit pas applicable. Par exemple, un Italien promet dans son domicile de payer une somme d'argent à Paris, où il n'a ni résidence, ni établissement, ni biens d'aucune espèce. Qui pourra soutenir qu'il ait voulu s'en référer aux lois françaises plutôt qu'aux lois italiennes ? Il en serait autrement si le débiteur possédait des immeubles en France et les avait hypothéqués comme garantie à son créancier (2).

Tout dépend donc des circonstances qui accompagnent le contrat pour connaître de quelle manière les contractants, relativement aux choses laissées à leur entière liberté, ont exercé leur propre *autonomie*, en se soumettant à une loi plutôt qu'à une autre pour la substance et les effets des obligations par eux contractées.

81. Étant établi quelle est la loi choisie par les parties comme interprète de leur volonté, cette loi exercera partout son empire, soit sur les biens meubles, soit sur les immeubles, les biens qui forment l'objet des obligations appartenant à la substance de celles-ci.

On ne saurait cependant pas admettre que le statut réel doive toujours régir tous les contrats ayant pour objets des immeubles (3), puisque les contractants doivent être libres de disposer des immeubles tout comme des meubles, en tenant compte toutefois des obligations qui dérivent des rapports des familles et des principes de droit public du pays aux magistrats duquel on demande de déclarer le contrat conclu valable. En effet la libre disposition est, sauf ces restrictions, inhérente au droit de propriété. Dès lors les dispositions de la *lex rei sitæ* seront applicables seulement dans le cas où elles

____

(1) Loi 21, *Dig.*, *De obligat. et act.*
(2) Pescatore. *La logica del diritto*, 2ᵉ partie, ch. XVII, § 20.
(3) Voir Fœlix, *cit.*, t. I, n° 93; — Massé, *cit.*, t. I, n° 567.

auront pour objet de régler l'exercice de ce droit de façon qu'il ne soit pas nuisible à l'intérêt général, ou bien dans celui où, d'après les règles que nous venons d'énoncer, les parties ont choisi cette loi comme interprète de leur volonté. Dans ce dernier cas, ces dispositions seront appliquées non pas comme des dispositions légales, mais comme une loi que les parties se sont imposées en contractant. Dès lors, en matière de contrats, il n'est question ni de statut ni de loi applicable aux biens qui en forment l'objet, parce que la volonté des parties, dans les limites que nous avons indiquées, est tout, les contractants étant leurs propres législateurs à eux-mêmes, en ce sens que c'est leur propre volonté qui leur tient lieu de loi.

82. On ne peut contester que le législateur italien n'ait statué dans ce sens. En effet, il établit que la *substance* des obligations est réglée par la loi choisie par les contractants, et par cette disposition il manifeste d'une façon évidente qu'on ne doit pas appliquer aux biens formant l'objet d'un contrat la loi du lieu de la situation de ces biens, car ils font partie de la substance des obligations accomplies.

83. D'autre part, ce même législateur, en vertu de la restriction, plusieurs fois indiquée, a voulu qu'on respectât les principes du droit public italien relativement aux contrats conclus à l'étranger, mais qui doivent être exécutés en Italie, parce qu'ils ont pour objets des biens qui y sont situés. Pour ce qui est de ces contrats, l'article 12 des dispositions préliminaires du Code civil italien peut très bien s'entendre à la lettre, sans qu'on porte atteinte au principe consacré par l'article 9. En effet, les lois prohibitives concernant les conventions ne sont pas facultatives, mais obligatoires. Dès lors la prohibition n'est pas illusoire, ayant pour caractere de sauvegarder l'intérêt public, et en aucun cas il ne peut y être dérogé pas plus par les étrangers que par les Italiens.

84. Ainsi, sera applicable à la vente d'un édifice ou d'un fonds de terre situés en Italie la disposition du code civil italien, par laquelle il est prohibé de stipuler dans les ventes le droit de rachat pour plus de cinq années. Et cette disposition serait applicable même dans le cas où le contrat aurait été passé dans un pays soumis à l'empire du Code civil autrichien, d'après lequel le vendeur peut exercer ce droit durant sa vie naturelle (2), et pourrait dès lors dans certaines circonstances s'en prévaloir après plus de dix ans. Il s'agit là, en effet, d'une prohibition fondée sur des raisons d'économie publique, l'inté-

----

(1) Art. 1576.
(2) § 1070.

rêt économique exigeant que les propriétés soient irrévocablement acquises, et que, lorsqu'on admet la révocabilité, elle ait lieu dans le plus bref délai possible, pour que les droits des tiers, qui ont acquis ensuite, ne soient pas résolus (1). Mais si le vendeur était décédé sans exercer le droit de rachat, ce droit ne pourrait pas être exercé par les héritiers bien qu'il ne se soit pas encore écoulé cinq années depuis la vente. Il n'y a en effet pas de raison dans ce cas pour ne pas appliquer la loi à laquelle on pense que les contractants ont voulu s'en référer.

85. De même l'emphytéote pourra toujours racheter le fonds emphytéotique de la façon prévue par le Code civil italien (2), si ce fonds est situé en Italie, bien que l'emphytéose ait été conclue dans un pays, dont la législation ne permet pas le rachat du fonds emphytéotique. En effet, la faculté accordée à l'emphytéote de racheter le fonds emphytéotique est, aussi bien que la limitation de la clause de rachat, fondée sur des raisons d'économie publique, parce qu'il est conforme à l'intérêt économique du pays que la propriété immédiate s'unisse à la propriété médiate, les biens étant alors susceptibles d'une plus grande prospérité. A cet égard les contractants ne peuvent pas mettre en évidence leur *autonomie*, puisqu'il est établi qu'on ne peut pas déroger à la faculté de racheter le droit d'emphytéose par un pacte contraire stipulé dans le contrat emphytéotique (3).

86. Pour prendre un autre exemple, de même que la *lex rei sitæ* règle les hypothèques légales (voir titre II, § 44, de cette étude), de même aussi elle régit les hypothèques conventionnelles. Ainsi les tribunaux italiens ne pourraient pas déclarer valable une hypothèque générale, bien qu'elle eût été accordée dans un pays où elle serait licite, la spécialité des hypothèques ayant été, ainsi que nous l'avons dit plus haut (§ 44), consacrée par notre législateur comme un principe d'économie publique.

87. Ce que nous avons dit des biens immobiliers, s'applique aussi aux choses mobilières. Les contrats relatifs à ces choses, conclus sous l'empire d'une loi étrangère choisies par les partis comme interprète de leur volonté, mais dont l'exécution doit avoir lieu en Italie, seront régis par les dispositions du droit public italien, entre autres par celles qui relativement à certaines marchandises consacrent le monopole du fisc, par les lois de douane et autres lois du même

---

(1) La résolution des droits des tiers qui ont acquis est inhérente au rachat stipulé (art. 1520 C. civ. italien).

(2) Art. 1564.

(3) Art. 1557.

genre. Ainsi, pour prendre un exemple, les tribunaux italiens ne pourraient pas reconnaître comme valable un contrat conclu pour l'exercice de la contrebande au préjudice des finances du royaume, quand même il serait valable d'après la loi du lieu où il aurait été stipulé.

88. Comme il appartient à la loi choisie par les contractants pour interprète de leur volonté de régler la substance des obligations, c'est d'après cette loi, sauf la restriction que nous venons d'indiquer, qu'on devra décider, entre autres choses, si l'obligation est civile ou naturelle, pure ou conditionnelle. Ainsi, si la loi du lieu où quelqu'un joue ou fait un pari reconnaît comme civile l'obligation du perdant, cette obligation devra être considérée comme telle même en Italie, bien qu'elle soit simplement naturelle aux termes du Code civil italien (1). Il en serait de même dans l'hypothèse ou un contrat bilatéral aurait été conclu sous l'empire d'une loi d'après laquelle il serait de règle que la condition résolutoire ne soit pas réputée tacitement stipulée dans les conventions synallagmatiques pour le cas où l'un des contractants n'exécuterait pas le contrat, ce qui arriverait si la convention avait été conclue en Autriche (2). Alors, en effet, les tribunaux italiens devraient appliquer cette loi, sans tenir compte de la disposition consacrée par le code civil italien, d'après laquelle dans tout contrat bilatéral la condition résolutoire est toujours sous-entendue dans ce cas (3), à moins toutefois que le contrat ne fût intervenu entre deux Italiens, cas dans lequel on devrait présumer, jusqu'à preuve contraire, que la convention est régie par leur loi nationale.

89. Les effets des obligations sont aussi présumés régis par la loi choisie par les contractants pour interprète de leur volonté. C'est dès lors d'après cette loi qu'on devra déterminer de quelle façon le vendeur doit garantir l'acheteur en cas d'éviction, ou dans le cas où la chose vendue aurait des vices ou des défauts cachés, si la tradition est ou n'est pas nécessaire pour que la vente soit parfaite ou si au contraire elle doit être réputée parfaite par l'effet du seul consentement des parties, de quelle faute doit répondre le débiteur, si la chose périt pour le débiteur ou pour le créancier, etc., etc.

---

(1) Art. 1802, 1801,

(2) Le § 919 du Code civil autrichien dispose que, lorsqu'une des parties omet complètement ou n'exécute pas le contrat dans le temps, dans le lieu ou dans le mode convenu, l'autre partie, excepté dans les cas déterminés par la loi ou dans le cas *d'une réserve expresse*, n'a pas le droit de demander la résolution du contrat mais seulement l'exact accomplissement du contrat et des dommages-intérêts.

(3) Art. 1165.

91. En appliquant, comme nous avons dit plus haut pour les autres principes consacrés par le législateur italien, le principe relatif aux obligations, non seulement aux obligations civiles, mais encore aux obligations dérivant des lettres de change, nous devons établir que les questions relatives aux devoirs et aux droits du porteur de la lettre de change, dans le cas de non acceptation ou de refus de payement, devront être résolues d'après la loi du lieu où s'est engagé le débiteur de la lettre de change, en d'autres termes le tireur, l'endosseur, l'accepteur ou le donneur d'aval contre lequel on veut agir. Il faut toutefois réserver le cas où le débiteur s'est engagé envers un de ses nationaux. Dans ce cas, la loi nationale des contractants deviendrait applicable, sauf la preuve que l'intention des parties a été différente (1).

91. On ne doit pas confondre les conséquences accidentelles avec les effets des obligations, ainsi que l'enseignent communément les auteurs d'ouvrages du droit privé international. Les effets diffèrent des conséquences accidentelles en ce sens que les effets découlent immédiatement ou médiatement du contrat, et dès lors en sont une partie intégrante ; les conséquences accidentelles au contraire dérivent d'un fait postérieur, *ex post facto*. Les conséquences accidentelles n'ayant aucune cause inhérente à la convention, mais dépendant de certains événements incertains et éventuels qui peuvent ou non avoir lieu lors de l'exécution du contrat, c'est un principe admis qu'elles sont réglées par la loi du lieu où se produit le fait qui les engendre, c'est-à-dire du lieu où l'obligation doit être exécutée. Comme on présume que les parties ont voulu se référer pour les effets du contrat à la loi qui a présidé à sa formation ou à leur loi nationale si les contractants appartiennent à la même nationalité sauf la preuve d'une volonté contraire ; de même, pour les conséquences accidentelles, qui ne font pas partie intégrante du contrat, on doit présumer jusqu'à preuve contraire, que les contractants ont entendu s'en référer aux dispositions en vigueur dans le pays où ces conséquences viendront à se manifester (2).

---

(1) Voir notre ouvrage *Diritto cambiario internazionale*, tit. IV, où se trouvent développées toutes les questions de droit international relatives aux lettres de change concernant le devoir et les droits du porteur d'une lettre de change.

(2) Voir Rocco, cit., lib. 3, ch. IX. — Massé, cit., t. I, n° 109. — Esperson, *Il principio di nazionalità applicato alle relazioni civili internazionali*, ch. VII, sect. 2, n° 39 ; — *Diritto cambiario internazionale*, tit. V, § 41.

Aussi, tandis que les intérêts conventionnels, constituant un effet du contrat qui les a déterminés, sont régis par la loi du lieu où la convention a été conclue (1) ; au contraire les intérêts moratoires, constituant une conséquence accidentelle, parce qu'ils naissent *ex post facto*, et qu'ils sont seulement dus lorsque le débiteur est en demeure d'accomplir les promesses qu'il a faites, sont réputés réglés par la loi du lieu où s'est produit le fait qui leur a donné naissance. C'est pourquoi c'est la loi du pays où la lettre de change doit être payée qui servira à déterminer le taux des intérêts dont est tenu le tireur dans le cas où le payement n'est pas opéré. Une fois qu'on a déterminé ces intérêts conformément à cette loi, tous les débiteurs en vertu de la lettre de change seront tenus de les payer. Ces débiteurs, en effet, ayant garanti l'obligation du tireur, qui est le débiteur principal, le porteur de la lettre de change ne peut pas, lorsqu'il exerce contre eux l'action en garantie, exiger ces intérêts dans une mesure plus large ou moindre que celle dans les limites de laquelle est tenu le tireur lui-même. Il est en effet absurde que la personne qui s'oblige comme caution doive payer plus ou moins ce qui est dû par l'obligé principal. Ce sera aussi d'après la loi du lieu où la lettre de change est tirée qu'on déterminera si les intérêts courent du jour de l'échéance ou de celui du protêt (2).

92. L'exécution des obligations, de même que les conséquences accidentelles, est réglée par la loi en vigueur dans le pays où cette exécution a lieu. « *Ea quæ ad complementum vel executionem contrac-* « *tus spectant*, disait Burgundius, *vel absoluto eo superveniant, so-* « *lere a statuto loci dirigi, in quo peragenda est solutio Rationem* « *mutuantur a jureconsulto qui unumquemque vult in eo loco con-* « *traxisse intelligi, in quo ut solveret se obligavit* »(3).

---

(1) La Cour de Bordeaux et la Cour de cassation française, par leurs arrêts du 26 janvier 1831 et du 10 juin 1857, ont décidé, par application de ce principe, que lorsque deux Français se sont obligés dans un pays étranger où ils étaient domiciliés à payer des intérêts supérieurs à 5 0/0 en matière civile ou à 6 0/0 en matière commerciale, la convention est exécutoire lorsqu'elle est conforme à la loi du lieu du contrat. (Massé, *cit.*, t. I, § 616.) V. Jurispr. récente, v° Intérêts, *Journ. dr. internat. privé*, 1874, p. 128; 1875, p. 351; 1877, p. 356.

(2) Voir notre ouvrage *Diritto cambiario internazionale*, tit. V, § 42, où se trouvent indiqués plusieurs exemples de l'application de ce principe, exemples résultant des divergences des dispositions des lois commerciales relatives aux intérêts qui doivent être payés dans le cas de défaut de payement à l'échéance d'une lettre de change.

(3) *Tractatus controversiarum ad consuetudines Flandiæ*, n° 29.

E.   4

Pour l'accomplissement des conventions, de même que pour leurs conséquences accidentelles, on doit présumer, jusqu'à preuve du contraire, que les parties ont voulu s'en rapporter non pas à la loi du lieu du contrat, mais à celle du lieu de l'exécution de ce même contrat, pour la raison par nous déjà rapportée, que chacun est censé contracter dans le lieu où il s'est obligé à payer.

93 Nous pouvons dire que ce principe a été consacré par le législateur italien. En effet le dernier alinéa de l'article 10 des dispositions préliminaires du Code civil est ainsi conçu : « Les moyens d'exécution « des actes et des sentences sont réglés par la loi du lieu où l'on pourvoit à l'exécution. » Cette maxime étant générique, elle s'applique non seulement aux moyens coercitifs qui peuvent être employés pour mettre en exécution un acte ou un jugement (sujet dont nous nous réservons de parler au chapitre suivant), mais encore aux moyens non coercitifs relatifs à l'exécution des contrats.

94. Ces moyens étant réglés par la loi du lieu où le contrat doit être exécuté, c'est en conformité de cette loi que devront être tranchées en premier lieu les questions relatives à l'échéance des obligations, et en second lieu celles relatives à leur accomplissement.

Nous commencerons par parler des questions relatives à l'échéance, c'est-à-dire relatives à la détermination de l'époque à laquelle le débiteur doit accomplir son obligation. S'il s'agissait d'une lettre de change, l'échéance en serait réglée par la loi du lieu de payement, c'est-à-dire du lieu sur lequel elle a été tirée (1).

Parlons maintenant des questions relatives à l'accomplissement des obligations contractées (*modus solutionis*). Nous continuerons à prendre pour exemple les lettres de change. Tout ce qui a rapport à la façon d'en opérer le payement est réputé réglé par la loi du lieu sur lequel elles ont été tirées. On devra dès lors résoudre conformément à cette loi la question relative à la monnaie avec laquelle une lettre de change doit être payée, dans le cas où la monnaie qui est indiquée dans la lettre de change a dans ce lieu une valeur différente de celle qu'elle a au lieu de l'émission. Ainsi une lettre de change tirée de Rome sur Vienne, valeur 1,000 livres, sans autre indication devra être payée en livres autrichiennes et non en livres italiennes. « *Esti-* « *matio rei debitæ*, disait Everardus, *consideratur secundum locum ubi destinata est solutio, non obstante quod contractus alibi celebra-* « *tus sit. Ut videlicet respiciatur valor monetæ qui est in loco desti-*

---

(1) Voir notre ouvrage *Diritto cambiario internazionale* dans lequel nous indiquons quelques exemples de l'application de ce principe.

« *natæ solutionis* » (1). Du reste, pour le motif que nous avons indiqué plus haut (§ 91), une fois déterminée la valeur de la monnaie avec laquelle doit être fait le payement de la lettre de change, elle ne pourra pas varier par suite de la circonstance que depuis le protêt le créancier agit en garantie contre un débiteur qui s'est engagé dans un pays différent de celui dans lequel la lettre de change était payable. Aussi, dans l'hypothèse que nous venons d'examiner, si la lettre de change n'est pas payée à Vienne, sa valeur sera toujours de 1,000 livres autrichiennes et non de 1,000 livres italiennes, bien que le porteur agisse en garantie contre le tireur qui habite en Italie.

95. Il en est de même, si l'on suppose qu'au lieu de payement l'État ait par voie de mesure exceptionnelle donné cours forcé au papier monnaie, ou bien à certains titres fiduciaires, par exemple aux billets d'une banque ou d'un établissement de crédit. Il est certain que quand même il s'agirait de lettres de change provenant d'un pays étranger où la crise monétaire serait inconnue, ou d'autres contrats conclus dans ce même pays, le payement pourrait se faire en papier-monnaie ou en billets de banque, puisqu'il appartient à la loi du lieu de l'exécution du contrat de régler les moyens d'opérer cette exécution. Ainsi le décret-loi du 1er mai 1866 ayant donné cours forcé en Italie aux billets de la banque nationale (mesure ensuite étendue aux billets d'autres établissements de crédit), et ayant prescrit qu'ils fussent reçus comme équivalents de la monnaie métallique, le créancier serait tenu de les recevoir dans le cas de contrats dont l'exécution devrait avoir lieu en Italie, bien que la convention eût été conclue à l'étranger. Lorsqu'une loi oblige à recevoir du papier ou bien du numéraire, on ne peut faire aucune différence entre le papier-monnaie et la monnaie métallique. Ainsi, si le débiteur doit payer mille francs, il pourra tout aussi bien se libérer en papier ayant cours forcé qu'en or. On ne peut, du reste, pas dire que le créancier éprouve un préjudice, car on doit présumer que les parties dans le contrat ont dû calculer la différence entre le numéraire et le papier-monnaie. Il est vrai qu'il pourrait s'agir de contrats conclus avant la crise monétaire. Mais il est à remarquer que si le créancier reçoit par suite du payement en papier-monnaie une somme moindre que celle qui a été stipulée par le débiteur par suite de la différence entre le papier-monnaie et le numéraire, ce préjudice ne saurait être imputé au débiteur, mais doit être considéré comme un cas fortuit, qui reste tout entier à la charge

---

(1) Consil. 78, n° 91. — V. Toulier, *Droit civil français*, t. VI, n° 587; — Troplong, *Du prêt*, n° 243; — Massé, *cit.*, n° 1495.

de celui qui en est victime (1). Il faut dès lors que le créancier supporte les conséquences de la crise monétaire, de la même façon qu'il peut bénéficier des avantages résultant de la cessation de cette crise arrivant dans l'intervalle du temps qui s'écoule entre la stipulation et l'exécution du contrat (2).

96. Mais ce que nous avons dit ne peut s'appliquer lorsque dans le contrat on a expressément stipulé que le payement devra avoir lieu en espèces métalliques déterminées, par exemple en *Napoléons d'or* ou bien en livres sterlings. Le créancier, en effet, ne peut pas être contraint de recevoir une chose différente de celle qui lui est due, bien que la valeur de la chose offerte soit égale ou même supérieure (3). Il ne pourrait surtout pas être contraint si la valeur était moindre, comme par exemple dans le cas où on lui offrirait du papier-monnaie en place du numéraire qu'on lui aurait promis. La promesse de faire le payement en espèces métalliques a pour but de déterminer le prix de la chose qui est l'objet de la convention, lequel prix appartenant à la *substance* du contrat, ne saurait être altéré par le débiteur par l'offre de papier-monnaie, sans violation par lui de la promesse qu'il a faite et qui a pour lui force de loi.

97. Le décret-loi du 1er mai 1866 s'éloigna quelque peu de ces principes incontestables, en ordonnant que les billets de banque fussent donnés et reçus comme argent comptant pour leur valeur nominale dans les payements faits en Italie, *nonobstant toute convention contraire.* On a cru que, pour de hautes raisons d'ordre public, en d'autres termes pour maintenir intact le crédit de la nouvelle valeur légale ayant cours forcé, il était nécessaire de déclarer nulle toute convention par laquelle on lui reconnaîtrait une valeur inférieure à sa valeur nominale.

On s'est demandé si cette disposition était applicable aussi bien aux stipulations antérieures qu'aux stipulations postérieures au cours forcé. Cette controverse n'a pas été résolue d'une façon uniforme par les

---

(1) Nous ne saurions admettre dans ce cas la solution de M. Esperson. Il s'agit, en effet, uniquement d'interprétation de volonté. Or, il est certain que lorsqu'on contracte, on ne songe habituellement pas à une crise monétaire éventuelle dans le pays où a lieu le payement, et que lorsqu'on stipule un payement dans ce pays on entend stipuler un payement en espèces métalliques et non en papier-monnaie.

(NOTE DU TRADUCTEUR C. A.)

(2) V. la jurisprudence des cours italiennes sur cette question, *Journ. du droit internat. privé*, 1875, p. 229; 1877, p. 84.

(3) Art. 1243 du Code civil italien auquel sont conformes en ce point les Codes des autres nations.

tribunaux. On admit néanmoins comme un principe incontestable, que lorsqu'une lettre de change portait l'indication d'une monnaie étrangère, par exemple de livres sterlings, le créancier n'était point, malgré le cours forcé des billets de banque, obligé de les recevoir en payement, parcequ'on ne pouvait pas admettre que la monnaie étrangère fût légalement représentée par le papier-monnaie italien.

A la rigueur cette considération pourrait être invoquée dans le cas où il ne serait pas une monnaie étrangère mais une valeur métallique nationale qu'on aurait indiquée dans la lettre de change, ou dans tout autre contrat commercial ou civil, sans distinguer si la convention a été conclue à l'étranger ou en Italie. Quand, en effet, les contractants stipulent que le payement doit être exécuté en argent, le numéraire qui a une valeur intrinsèque ne peut pas, sans une violation ouverte du contrat au préjudice du créancier, être remplacé par du papier ayant une valeur factice, comme les billets de banque.

98. Le législateur italien reconnut la force de ce raisonnement, mais d'une façon limitée. En effet la loi du 30 avril 1874, art. 14, est ainsi conçue : « La stipulation des payements en monnaie métal-
« lique sera efficace *seulement* pour les lettres de change, comme
« aussi pour les billets à ordre entre commerçants ou ayant une
« cause commerciale, pour les compte-courants et pour les dépôts
« dans les banques et les caisses d'épargne.

« Les obligations de payement antérieures à la présente loi de-
« meurent sous l'application des lois précédentes. »

Il faut espérer que le législateur finira par consacrer entièrement le principe admis d'une façon limitée dans cette disposition. Une proposition dans ce sens avait été faite par la commission nommée par le comité privé de la Chambre des députés pour examiner le projet relatif à la loi précitée. L'honorable M. Pisanelli disait dans le rapport présenté par lui à la séance du 26 mars 1870 : « La stipu-
« lation d'exécuter le payement en monnaie métallique durant l'em-
« pire d'une loi qui établit le cours forcé, a essentiellement pour
« but et pour résultat de déterminer le prix de la chose qui est
« l'objet de la convention d'une façon plus large; et chacun com-
« prend qu'une telle détermination doit rester soumise à l'entière
« volonté des contractants. L'acte de la convention qui en France
« fixait le *maximum* du prix de choses resta sans effet, précisément
« parce qu'il était inconsidérément attentatoire à l'inviolable loi des
« marchés. » Aussi la commission proposait-elle de reconnaître valable la promesse de payer en monnaie métallique, quel que fût le caractère de la convention dans laquelle elle se trouvait insérée,

car il importait peu qu'il s'agit d'obligations commerciales ou d'obligations civiles.

Certainement la limitation établie par la loi de 1874 est illusoire. Il est, en effet, évident que dans les contrats qu'elle n'a pas indiqués, la stipulation de payement en monnaie métallique n'étant pas valable, les parties tiendront compte dans la convention de la différence entre la valeur de cette monnaie et celle des billets de banque ayant cours forcé. De plus, il est incontestable qu'en rendant cette stipulation entièrement valable, on contribuerait à accélérer l'abolition tant désirée du cours forcé des billets de banque.

99. Jusqu'ici nous avons supposé que le pays dans lequel le contrat doit être exécuté est sous le coup d'une crise monétaire. Dans le cas contraire, où c'est dans ce pays qu'a été conclu le contrat, qui doit être exécuté dans un pays où cette crise n'existe pas, il est certain que, par application du principe que le *modus solutionis* est régi par la loi du lieu du payement, le débiteur ne pourrait pas, sauf le cas d'une stipulation formelle, se libérer en papier ayant cours forcé dans le lieu du contrat. Aussi, s'il s'agit de contrats conclus en Italie, mais devant s'exécuter à l'étranger, le payement ne peut avoir lieu qu'en monnaie métallique, sans qu'il soit loisible au débiteur de se libérer en billets de banque. S'il s'agissait d'une lettre de change tirée sur une place étrangère, peu importerait, par suite du motif précédemment indiqué (voir supra, §§ 91, 94), pour la mise en demeure du tireur que la lettre de change doive être payée par le tireur ou par un autre débiteur en vertu de la lettre de change, débiteur qui serait italien. En d'autres termes, ce débiteur émettrait une prétention injustifiable, s'il voulait payer en billets de banque une lettre de change tirée sur un pays étranger où n'existe aucune crise monétaire, et dont pour ce motif le payement doit être fait par *tout obligé* en monnaie métallique.

100. Outre les obligations contractuelles, il y a les obligations dérivant des quasi-contrats, des délits et des quasi-délits. Comme c'est un principe général que celui qui est formulé dans la seconde partie de l'article 9 des dispositions préliminaires du Code civil italien, d'après lequel la substance et les effets des *obligations* sont réputés, sauf la démonstration d'une volonté différente, réglés par la loi du lieu où les actes sont passés, ce principe est applicable aussi bien aux unes qu'aux autres obligations (1).

---

(1) Ce principe est aussi reconnu en doctrine. Voir Rocco, *cit.*, liv. II, ch. XLII; — Fœlix, *cit.*, t. I, n° 114; — Massé, *cit.*, t. I, n° 615; — Esperson, *Il principio di nasionalità applicato alle relazioni civili internazionali*, n° 42.

Ainsi la gestion d'affaires sera réglée par la loi en vigueur dans le pays où le gérant s'est volontairement chargé de l'affaire d'autrui(1). On doit, en effet, présumer, jusqu'à preuve du contraire, que le gérant d'affaires a voulu s'en rapporter aux dispositions de cette loi, de la même façon qu'on présume que le mandataire a voulu s'en référer à la loi du lieu où il a accepté le mandat.

De même, pour connaître les obligations de celui qui reçoit par erreur ou sciemment ce qui ne lui est pas dû et les droits de celui qui a payé se croyant par erreur débiteur, on devra consulter la loi en vigueur au lieu où a été opéré le payement indu (2).

Finalement pour les obligations dérivant des délits et des quasi-délits, la loi applicable sera celle en vigueur au lieu où s'est produit le fait qui leur a donné naissance (3).

----

(1) Voir art. 1141-1141 du Code civil italien.
(2) Voir art. 1151-1156 du Code civil italien.
(3) Voir art. 1151-1156 du Code civil italien.

Paris. — Typ. A. PARENT, rue M.-le-Prince, 31.
A. DAVY, successeur.

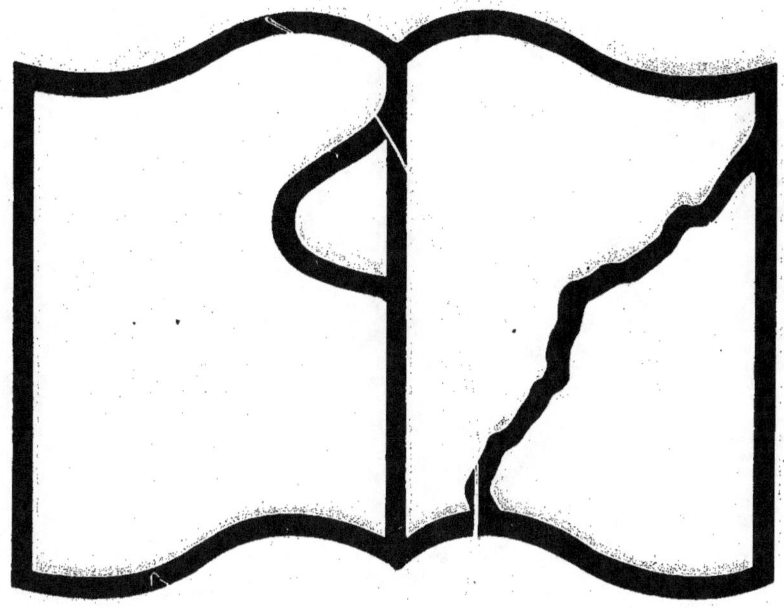

Texte détérioré — reliure défectueuse

NF Z 43-120-11